NORBERT SCHNABEL **WENN GOTT INS KINO GEHT**

Impressum

Umschlaggestaltung und Satz: Jörg Peter, Wetter
Umschlagfotos: »Das Glücksprinzip« (oben), im Verleih von Tobis Film/BMG Video (DVD/VHS); »Die fabelhafte Welt der Amélie« (Mitte), im Verleih von Prokino/Universal Pictures Germany (DVD/VHS); »Apostel!« (unten), im Verleih von Kinowelt/Arthaus (DVD/VHS); »Happiness« (Rückseite), im Verleih von Prokino/ Highlight Communications
Druck: Breklumer Druckerei Manfred Siegel KG
ISBN 3-417-24809-4
Bestell-Nr. 224 809

Norbert Schnabel

Wenn Gott ins Kino geht

50 Filme, die man kennen muss

R BROCKHAUS

*Etwas Festes muss der Mensch haben,
daran er zu Anker liege, etwas, das nicht von ihm
abhange, sondern davon er abhängt.*

Matthias Claudius

»Wenn du es baust, wird er kommen.«

Feld der Träume

INHALT

Anhang

Mein Weg ins Kino

Wann ich zum ersten Mal im Kino war und was genau ich damals gesehen habe, weiß ich nicht mehr. Gut möglich, dass es einer der Winnetou-Streifen mit Pierre Brice und Lex Barker gewesen ist. Ich saß in der Sonntagnachmittag-Vorstellung für Kinder bis zwölf, und das ganze Kino klatschte begeistert und johlte, wenn Old Shatterhand auf der Leinwand erschien und den Schurken endlich ordentlich eins übergebraten wurde. Der Lärm hielt oft so lange an, dass ganze Dialogpartien nicht mehr zu verstehen waren – was aber niemand zu stören schien. Warum auch, der Handlung konnte man trotzdem problemlos folgen. In diesen ersten Kinojahren war die Trennlinie zwischen Gut und Böse so sauber gezogen wie der Schnitt eines Chirurgen; Bösewichter waren sofort an ihren entstellenden Narben, Helden an ihrem klaren Blick und einem aufrechten Gang zu erkennen. Nie bestand ein Zweifel, wer am Ende Sieger und wer Verlierer sein würde.

Vor dem Mittagessen durfte ich mir bei unserem Großvater mein wöchentliches »Sonntagsgeld« abholen, einsfünfzig. Der Eintritt kostete einszwanzig. Ich ging mit meinem Freund oder meinem Bruder so früh wie möglich los, um Zeit zu haben, die Szenenfotos und Plakate in den beiden Schaukästen auf unserem Weg anzustaunen. Wenn wir uns dann schließlich die Aushänge direkt vor dem Kino ansahen, hatte uns schon eine Erregung erfasst, die uns nicht mehr losließ, bis im Kino das Licht ausging. Wir holten uns eine Stange Kaubonbons und setzten uns auf unsere Stammplätze. Die Wochenschau begann, nach wie vor wogte Lärm durch den Saal, als sei es überhaupt noch nicht dunkel geworden. Überall schwatzte, plapperte, kicherte und raschelte es.

> *Wenn im Kino das Licht ausgeht, ist der Augenblick der größten Spannung bereits erreicht.*
>
> *Georg Seeßlen*

Was gab es zu sehen? Vor allem wieder und wieder japanische »Monster«-Filme, in denen Godzilla und andere Ungetüme ihre Zerstörungswut entfesselten. Jerry Cotton war mit seinem roten Jaguar immer zur Stelle, wenn es brenzlig wurde, Fuzzy und John Wayne ritten über die Leinwand, Laurel und Hardy machten aus jeder Wohnungseinrichtung Kleinholz. Aber am besten gefiel uns der Grusel aus Fernost, wenn das Ungeheuer, gereizt durch menschliche Dummheit, seinen zermalmenden Fuß auf die HO-großen Hochhäuser und Straßenzüge setzte. War die Vorstellung vorbei, fühlten wir uns jedes Mal wie berauscht. Auf dem Nachhauseweg (der sich deswegen endlos hinzog) spielten wir die aufregendsten Szenen des Films nochmals nach.

In den Siebzigern fuhr ich dann mit dem Fahrrad in die Nachbarstadt zu einem Kino, das mit rot gepolsterten Sesseln ausgestattet war. Ich gehörte zu den Jüngsten, die im Eingangsbereich auf Einlass warteten. Zu dieser Zeit hatten Katastrophenfilme Konjunktur: Nervenkitzel, der rasch wieder verflog *(Erdbeben, Flammendes Inferno).* Im gleichen Haus gab es noch ein zweites Kino, sardinenbüchsengroß, mit Sesselreihen (blau gepolstert), bei denen man die Knie spreizen musste, wenn man sitzen wollte. Hier bin ich zum ersten Mal den stahlblauen Augen von Paul Newman begegnet (in *Butch Cassidy and The Sundance Kid*), der bis heute mein Lieblingsschauspieler geblieben ist. Die Nachbarstadt hatte außerdem noch ein »Kommunales Kino« zu bieten, das ich schon bald für mich entdeckte: In einem »Lichtspielhaus«, das normalerweise nur Sexfilme zeigte, lief vierzehntägig sehr Ungewohntes und Faszinierendes: Akira Kurosawas *Das Schloss im Spinnwebwald* oder seine *Sieben Samurai* und viel Fassbinder. Es war allerdings etwas gewöhnungsbedürftig, als 15-jähriger junger Bursche vor den Augen der Passanten in dieses Erotik-Kino zu spazieren, vorbei an einschlägigen Filmplakaten, die reichlich nacktes Fleisch zeigten.

Große Leinwand, großes Kino

Dann kamen die Filme von Martin Scorsese, oder besser gesagt: von Robert De Niro. *Taxi Driver* (1976) und *Die durch die Hölle gehen*

(1978) trafen mich wie ein Faustschlag, genauso wie das Boxerdrama *Wie ein wilder Stier* (1980). Wenn ich es mir leisten konnte, ging ich gleich nach der Schule in die erste Vorstellung, die billiger war. Manchmal saß ich allein in einem Saal, der 300 Zuschauer fasste. In den Achtzigern brach schließlich der Video-Boom aus. Ich lieh mir ein Abspielgerät und verschlang mehr Filme, als ich verdauen konnte. Es dauerte nicht allzu lange, bis mir klar war: Mit Kino hatte das so gut wie nichts mehr zu tun. Die meisten Filmbilder sind für die große Leinwand gedacht und aufgenommen. Auf dem Fernsehschirm dagegen verpufft die Wirkung, die sie erzielen sollen und im Kino auch erzielen. Mir jedenfalls sind vor der Mattscheibe nur sehr selten die Augen übergegangen.

Ich erinnere mich noch gut daran, wie sehr mich die endlosen Landschaften in Kevin Costners *Der mit dem Wolf tanzt* faszinierten. Das Breitwandformat ließ die Weite und Einsamkeit des amerikanischen Westens spürbar werden und weckte eine namenlose Sehnsucht in mir. Das waren dreieinhalb Stunden großes Kino, und während sie vergingen, dachte ich nicht eine Minute daran, wie lange dieser Film dauerte. Als ich nach der Vorführung wieder nach draußen kam, war ich wie benommen. Jahre später wurde *Der mit dem Wolf tanzt* im Fernsehen gezeigt – und ich fand ihn über weite Strecken einfach nur öde. Ich konnte mir nicht mehr erklären, was mich an diesem Western so beeindruckt hatte.

> ***Einen Film auf der Mattscheibe zu sehen, das ist etwa so, als würde man einen van Gogh auf einer Briefmarke betrachten.***
>
> *Jean-Paul Belmondo*

Ich habe mich damals entschieden, mir neue Filme wenn möglich immer im Kino anzusehen – es gibt keinen akzeptablen Ersatz für dieses Erlebnis. Seit in den Neunzigern immer mehr Multiplex-Kinos entstanden sind, wird der Filmfan in punkto Bild, Ton und Sitzkomfort sehr verwöhnt (was ich durchaus genieße). Allerdings haben die komfortablen Filmpaläste auch Nachteile: Wer neben den Kassenschlagern auch die kleineren und vielleicht anspruchsvolleren

Filme sehen will, wird hier nur selten bedient. Und wenn sie doch im Programm auftauchen, werden diese Filme oft schnell wieder abgesetzt, weil sie nicht einträglich genug sind. Fernsehen, Video und DVD bieten deswegen eine gute Möglichkeit, manches Versäumte nachzuholen oder sich Gutes nochmals anzuschauen. Das ist allemal besser, als wertvolle Filme gar nicht zu sehen.

Im Kino Gott begegnen

Das Kino ist die Kunstform, die im 20. Jahrhundert die meisten Menschen erreicht hat – und zwar quer durch alle gesellschaftlichen Schichten. Filme fesseln, faszinieren, amüsieren und berühren uns alle, unabhängig von Bildungsstand, Einkommen oder der politischen Grundhaltung. Das gilt heute am Beginn des 21. Jahrhunderts unverändert. Nach wie vor interessieren sich weit mehr Menschen für das Kino als für Literatur oder Kunstausstellungen. Äußerst selten wird man im Büro gefragt: »Hast du den neuen Roman von ... schon gelesen?« Viel wahrscheinlicher ist, dass man sich in der Pause über einen aktuellen Film unterhält, den man auf jeden Fall gesehen haben *muss*.

Filme sind die Lingua franca des 20. Jahrhunderts.
Gore Vidal

Was liegt da näher, als eine Liste von Filmen zusammenzustellen, die eine christliche Botschaft transportieren oder sich im weiteren Sinn mit religiösen bzw. wichtigen ethischen Fragen beschäftigen? Meine Auswahl versammelt 50 Filme, in denen etwas zu sehen, zu hören oder zu spüren ist, was den Resonanzboden unserer Seele zum Schwingen bringt – und so unseren Blick auf Gott und den Menschen lenkt.

Dabei spielt es keine Rolle, ob das Christliche ein beherrschendes oder ein untergeordnetes Motiv ist, das vielleicht nur in kurzen Sequenzen auftaucht. Denn entscheidend sind im Kino meist einzelne, besondere Momente, die uns tief bewegen, in denen uns der Atem stockt, in denen wir uns schlagartig selbst erkennen. Genau das sind die Momente, in denen Gott uns begegnen und zu uns sprechen kann. Manchmal ist Gottes Stimme im Kino ungewöhnlich laut und kristallklar zu hören (sicherlich viel zu selten), manchmal ist es nur ein Flüstern, und oft genug haben Regisseur und Drehbuchautor das gar nicht beabsichtigt.

Nicht selten wirbt ein guter Film darum, eine andere Richtung einzuschlagen – in meinem Denken, Fühlen, Reden oder Handeln. Ich bin überzeugt, dass Gott das Kino ebenso benutzen kann und benutzt wie zum Beispiel eine Predigt, um uns etwas zu sagen. Vor allem trifft er dort viele Menschen an, die nie einen Gottesdienst besuchen würden. Für manchen mag das Kino ein sehr ungewöhnlicher Ort der Verkündigung sein – aber Gott redet auch hier und berührt unser Herz.

Was in uns nachschwingt

Gute Filme stellen oft unbequeme, aber wichtige Fragen. Wir brauchen den Widerstand, die kritischen Anfragen solcher Filme, auch wenn sie Gott und den Glauben einschließen. Sie kratzen gehörig an unserer frommen Selbstgefälligkeit, brechen den ach so beruhigenden Panzer des Gerettetseins auf, in dem wir es uns gemütlich eingerichtet haben. Wir brauchen das Ungewohnte und auch das Verstörende, weil Christen immer wieder in Gefahr sind, den Glauben als ihren Besitz, als sichere Selbstverständlichkeit zu betrachten. Wir müssen uns immer wieder neu klar darüber werden, was und warum wir glauben – und gutes Kino fordert uns heraus dazu. Manchmal berührt uns Gott im Kino, indem ein Film uns die richtigen Fragen *fühlen* lässt, ohne dass er eine Antwort liefert. »Die richtigen Fragen erkennt man daran, dass sie einem außer Schmerz auch eine gewisse Befriedigung verschaffen« (Christa Wolf).

Ich mag Popcorn-Kino. Immer wieder einmal sehe ich mir einen Blockbuster an – einfach um eine Auszeit vom Alltag zu nehmen, für zwei Stunden ab- und in eine völlig andere Welt einzutauchen und mich prächtig zu unterhalten. Doch was mich wirklich interessiert, sind Filme, die mir etwas Neues sagen oder mich auf etwas Wesentliches und Wertvolles neu aufmerksam machen. Es sind Filme, die mich auf Wege lenken, die ich noch nicht gegangen bin, oder mich zurückführen zu dem, was wirklich zählt. Ein guter Film ist ein Film, von dem ich nicht schon vorher weiß, was er mir sagen wird. Dabei macht es nichts, wenn ich manches in einem Film nicht ganz verstehe. Ich weiß, dass ein guter Film etwas in mir zurücklässt, in mir arbeitet, sich nach unten gräbt und vielleicht Schichten erreicht, die lange nicht mehr berührt wurden.

Film heißt eben nicht nur, die Erwartungen zu erfüllen – das besorgt schon das Fernsehen –, sondern uns etwas zu erzählen, womit wir noch nicht gerechnet haben.
Michael Althen

Mehr als jede andere Kunstform ist das Kino ein emotionales Medium. Kino lebt von den großen Gefühlen, von den Momenten, in denen uns das Herz auf- und übergeht. Ein Film soll mich zum Lachen oder zum Staunen bringen, mich treffen und zu Tränen rühren, mich packen und aufwühlen, mich verzaubern oder vor atemloser Spannung in den Kinosessel drücken. Deswegen gehe ich ins Kino, auf solche Momente hoffe ich jedes Mal, wenn ich mich ins Dunkel setze. Ein Film darf mich auch verstören, er darf auch wehtun. Nur kalt lassen darf er mich nicht. Das sind die Filme, die man eigentlich sofort vergisst, wenn man wieder ins Helle tritt. Gute Filme erkennt man daran, dass sie nach der Vorstellung weiter in unseren Köpfen herumgeistern, sich mit bestimmten Szenen und Sätzen in unserem Herzen festhaken. Nach solchen Filmen suche ich, sie sind der Grund, warum es mich immer noch und immer wieder ins Kino zieht. Und 50 solcher Filme stelle ich in diesem Buch vor.

Filme spiegeln immer auch das Lebensgefühl der Zeit, in der sie entstanden sind. Sie geben Auskunft über gesellschaftliche Werte und Entwicklungen, über unsere Ängste und Sehnsüchte, »darüber, wer wir sind und was wir gerne wären« (Michael Althen), was wir empfinden und wovon wir träumen. In diesem Buch werden auch Filme vorgestellt, die wahrscheinlich sehr irritieren oder provozieren, vielleicht sogar abstoßen (*Happiness, Sue – Eine Frau in New York*). Manche Filme zeigen Bilder von körperlichen und seelischen Qualen, die kaum auszuhalten sind, nackte Gewalt, abgründigen Schrecken und entsetzliche Not. In dem Chaos, das sie uns vor Augen führen, ist kein Sinn zu erkennen, und es wird auch keine Hoffnung auf Erlösung angedeutet. Es gibt in diesen Filmen nur eine Hölle, und zwar unsere irdische. Gott zeigt sich nicht – oder er ist tot. Der Mensch bleibt allein in einem unendlichen, schweigenden Kosmos. Von oben ist keine Hilfe zu erwarten, denn der Himmel ist leer.

Ein Blick in die Welt beweist, dass Horror nichts anderes als Realismus ist.
Alfred Hitchcock

Aber: Man sollte solchen Filmen nicht vorwerfen, dass sie spiegeln, wie es um unsere Welt bestellt ist. Sie zeigen, was ist und wie die Menschen empfinden – und genau darin liegt auch ihre Aufgabe und ihre Kraft. Filme können uns spüren lassen, wie gottentfremdet und zutiefst erlösungsbedürftig wir sind. Mancher Kinofilm ist ein einziger Schrei nach dem, was uns fehlt; er zeigt, was nicht stimmt, und erzählt gerade dadurch von der Sehnsucht des Menschen nach Trost und Heil, nach Geborgenheit und Gottesbeziehung. Auf dieser Ebene sind alle hier versammelten Filme sehr wohl religiös.

Lebenslust, Lebenslast

Das Kino ist aber auch der Ort, an dem wir mit grandiosen, verblüffenden, fremdartigen Bildern überwältigt und verzaubert, betört und begeistert werden sollen. Ungewöhnliche Perspektiven und Einstellungen, Großaufnahmen, Totalansichten, Kamerafahrten, Schwenks und Schnitte machen Filme zu einem Fest für das Auge. Filme können uns die Augen öffnen für den Glanz der Schöpfung; sie lehren uns, auch im Unscheinbaren, Alltäglichen das Einzigartige und Bewundernswerte zu entdecken. Das Kino zeigt nicht nur die ungeschminkte, schmerzhafte Wirklichkeit, sondern richtet den Blick auch auf Schönheiten, die wir sonst überhaupt nicht wahrnehmen.

Auch das ist Kino: Es will uns mit den Herrlichkeiten und Wundern dieser Welt berauschen. Auch wenn viele Filme darauf nicht abzielen, lenken sie im Lob der Schöpfung zuletzt den Blick auch auf den Schöpfer – für den, der Augen hat zu sehen. Filme ermutigen die Menschen, sich am Abenteuer des Lebens zu freuen. Immer wieder ruft uns das Kino zu: Ja, diese Welt ist wundervoll, und dieses Leben ist es wirklich wert, gelebt zu werden! Es erzählt von der Lust, Mensch zu sein, und von dem Glück, zu lieben und geliebt zu werden. Dabei verwendet das Kino seine ganz eigenen Kunstmittel. Herausragendes Kino ist mit seinen Bildern und Dialogen in der Lage, das Unaussprechliche zu sagen und uns ahnen zu lassen, dass es mit den Tatsachen dieser Welt noch nicht abgetan ist. In einem besonderen Film verdichtet sich, »was man immer schon gespürt hat, aber nicht hätte benennen können« (Michael Althen). Anders gesagt: Das Kino offenbart uns Wahrheiten, an die unser Verstand nicht heranreicht.

Auch das Schöne ist wahr, nicht bloß das Unschöne.
Berthold Auerbach

Und natürlich ist das Kino auch ein Ort der Tränen. Jeder hat das schon erlebt. Im Kino erlauben wir es uns zu weinen, denn hier ist es dunkel genug, dass niemand unsere Tränen sieht. Unsere tiefsten Kinoerfahrungen sind mit Tränen verknüpft – denn was uns aufwühlt und zum Weinen bringt, hat immer mit uns, mit unseren Lebensthemen zu tun. Unsere Tränen im Kino zeigen, wo unsere Schmerzen und Sehnsüchte liegen, was uns antreibt und was uns Angst macht, was wir lieben und wofür wir kämpfen, wonach wir hungern und was uns quält, wofür wir uns schämen und wovon wir träumen. Ich weiß noch, wie es mir bei *Schindlers Liste* ergangen ist: Im letzten Drittel dieses Dreistundenepos habe ich fast nur noch geheult. Einen solchen inneren Sturm hatte ich nie zuvor im Kino erlebt. Was genau der Auslöser dafür war, kann ich bis heute nicht annähernd beschreiben. Es ist einer dieser Augenblicke gewesen, in denen wir merken, dass wir unser Leben ändern müssen.

Manchmal sehen wir einen Film, der uns sehr bewegt, bei dem uns am Ende die Tränen in den Augen stehen (wie mir bei *Der Elefantenmensch, Feld der Träume* oder *Der Club der toten Dichter*). Und man spürt, dass die Leute um einen herum auch alle mit den Tränen kämpfen. Dann kommt der Abspann (die »Credits«) – und niemand steht auf. Auch nach dem Abspann, wenn das Licht angeht, kommen die Menschen nur langsam aus ihren Sitzen. Keiner spricht. Keiner drängt sich an dir vorbei, um schnell zum Ausgang zu kommen. Geduldig warten die Leute neben dir, bis du aufgestanden bist. Das sind sehr kostbare Momente.

Katharsis im Kino

Was hierbei passiert, kann man auch »Katharsis« nennen. Gemeint ist damit so etwas wie eine »innere Reinigung«. Wir erleben sie in Kino-Geschichten ohne Happy End, in denen viel gelitten und geweint wird, in denen die Figuren genau das verlieren, was ihnen am wertvollsten war, in denen wir ihre Niederlagen, ihre Schuld und Scham mit ansehen, vielleicht sogar ihren Untergang. Wir erschrecken über das Schicksal dieser Menschen vor uns auf der Leinwand, und wir empfinden echtes Mitleid. Wir trauern mit darüber, dass die nicht zueinander kommen, die sich doch so sehr lieben, dass nicht das Gute, sondern Bosheit und Unrecht triumphieren und jedes Glück zerbrechlicher als Glas ist. Auch eine ganze Reihe der von mir ausgewählten Filme haben einen dunklen Grundton oder gehen nicht gut aus.

Aber ich bemerke sehr oft nach solchen Filmen, dass diese »innere Reinigung« tatsächlich stattgefunden hat: Ich fühle mich hinterher, mag das auch merkwürdig klingen, besser. »Deprimierende« Filme ziehen mich nicht nach unten – sie bewirken vielmehr, dass ich mich wieder ganz neu und intensiver am Leben freue. Denn nicht ich bin es, der da ins Unglück stürzt, der keinen Ausweg mehr hat, dem alles genommen wird, was ihm etwas bedeutet, oder der sterben muss. Mein Herz schlägt noch, ich habe Möglichkeiten, mein Leben zu gestalten, und es gibt Grund genug, es zu genießen. Die Katharsis reinigt mich von all jenen Gefühlen, die meine Lebensfreude trüben oder lähmen. Je schwermütiger ein Film, desto klarer sage ich Ja zum Leben. So ist das bei mir. Wenn ich im Kino die Schmerzen sehe, die das Leben dem Menschen zufügen kann, dann macht mich das empfindsamer, aber auch zuversichtlicher, hoffnungsvoller, fester. Darin liegt das Geheimnis der Tragödie, ob wir sie nun auf der Leinwand oder auf der Bühne verfolgen. Und deswegen kann auch ein düsterer Film ein gelungener Film sein. Bedingung ist wohl aber, dass ich mich solch einem Film *ohne Unterbrechung* aussetze. Das Kino bietet da die besten Voraussetzungen: Wegzappen ist hier nicht möglich.

Ins Kino ging man, aus Glück, wenn man zu zweit war. Ins Kino ging man, aus Unglück, wenn man allein war. Und das war öfter.
Hellmuth Karasek

Das Kino besitzt auch über die Katharsis hinaus unbestreitbar therapeutische Qualitäten. »Das Kino gehört wie die anderen älteren Kunstformen zu unserer kulturellen Hausapotheke – also zu den Mitteln, mit denen wir psychisch überleben«, so Gerhard Bliersbach in einem Beitrag der Zeitschrift »Psychologie Heute« (2/2002). Die amerikanischen Therapeuten John und Jan Hesley »verordnen« ihren Patienten Spielfilme, die zu ihrer spezifischen Lebenssituation und Problematik passen – und sie nennen in ihrem Buch *Rent Two Films and Let's Talk in the Morning* dafür auch gute Gründe: Filme vermitteln Hoffnung, dass die persönlichen Nöte ein Ende nehmen oder zu bewältigen sind. Sie machen Mut, den eigenen Fähigkeiten zu vertrauen, und geben Orientierung in wichtigen Lebensfragen. Sie bieten positive Rollenvorbilder – in der Familie, am Arbeitsplatz, als Staatsbürger; sie machen es leichter, über eigene Schwierigkeiten zu reden (»So wie Kevin Costner geht's mir auch manchmal ...«), und helfen uns, unterdrückte Gefühle wahrzunehmen. Wer sich nach einer Vorstellung unerwartet getröstet oder gestärkt fühlt, hat wahrscheinlich genau diese stimulierende, innerlich reinigende und ermutigende Wirkung des Kinos erlebt.

Hin und wieder merke ich, dass es immer noch der kleine Junge in mir ist, der sich vom Kino mitreißen und in Bann schlagen lässt, der sich dort großartig fühlt und einen Riesenspaß hat. »Kino ist das Größte« lautete vor einigen Jahren ein Werbeslogan der Filmindustrie. Ja, sagt der Junge in mir, das ist es! Noch heute tauche ich in das Dunkel des Zuschauerraums ein, beginne zu staunen, trinke mit den Augen, sauge das Wertvolle mit dem Herzen auf. Vielleicht hat dieses Dunkel ja tatsächlich etwas von einem Mutterbauch ... Denn meine Erfahrung ist: Filme können Nahrung für die Seele sein.

50 Filme, die man kennen muss

Für wen ist dieses Buch nun eigentlich gedacht? Für alle, die gerne ins Kino gehen, die sich Filme ausleihen oder kaufen, Filmkritiken lesen und Filme vielleicht auch didaktisch einsetzen (in der Schule, Gemeinde oder Erwachsenenbildung). Man kann dieses Buch benutzen, um sich gezielt eine Videobibliothek bzw. DVD-Sammlung aufzubauen, um einen Fernsehabend vor- bzw. nachzubereiten oder um eine Gruppe an ein bestimmtes Thema heranzuführen.

Die Auswahl der von mir vorgestellten Filme ist – wie kann es anders sein – durch persönliche Vorlieben und eigene Kinoerfahrungen geprägt. Das bedeutet, dass vor allem Filme aus den vergangenen 30 Jahren aufgenommen wurden – seit ich begonnen habe, mir immer bewusster auch »ernsthaftes« Kino anzusehen (wobei »ernsthaft« auf keinen Fall mit »langweilig« gleichzusetzen ist!). Dabei liegt der Schwerpunkt auf dem populären Kino, also auf Filmen, die in der Regel einem größeren Publikum bekannt sind. Damit ist gewährleistet, dass alle 50 besprochenen Filme auch heute noch auf Video oder DVD erhältlich und unproblematisch zu besorgen sind. Sollten einzelne Filme aktuell nicht im Handel angeboten werden, ist man meist über ein Internet-Auktionshaus wie *ebay.de* erfolgreich. Ein weiterer Tipp: Es lohnt sich, auf Flohmärkten oder Filmbörsen zu stöbern. Weil viele Filmfans auf DVD umsteigen, lösen sie ihre Videosammlungen auf – da ist manches günstige Schnäppchen zu machen. Leider sind auf Video-Kaufcassetten und DVDs meist nur um einige Minuten gekürzte Versionen zu sehen. Die Angaben in diesem Buch zur Laufzeit des jeweiligen Films beziehen sich auf die Originalfassung, wie sie im Kino gezeigt wurde.

Um ein möglichst breites Spektrum an Filmen bieten zu können, sind in dieser Zusammenstellung die unterschiedlichsten Genres berücksichtigt: Melodram, Komödie, Science-Fiction, Fantasy, Horror, Zeichentrick, Historien-, Liebes- und Kriegsfilm usw. Trotzdem steht außer Frage: Jeder Filmfan würde, selbst bei gleicher thematischer Rahmung, eine anders gefärbte Sammlung präsentieren; er würde vielleicht gegen manche Filme protestieren und hätte andere unbedingt aufgenommen, die bei mir fehlen. Aber darin liegt sicherlich ein besonderer Reiz dieses Buches: Es ist eben kein verbindlicher Kanon der 50 besten Filme zum Thema »Religion im Kino«. Gerade die subjektive Auswahl verspricht, dass auch für den Kinofan noch Entdeckungen und Überraschungen möglich sind. Meine *50 Filme, die man kennen muss* sind vor allem ein Angebot, das helfen will, die Suche nach dem Sehenswerten zu erleichtern.

Ich freue mich über Ergänzungsvorschläge! Wenn Sie Filme kennen, die Ihrer Ansicht nach auf jeden Fall in diese Sammlung gehören, dann schreiben oder mailen Sie mir:

Norbert Schnabel
Alte Straße 4
58452 Witten
NoMi.Schnabel@t-online.de

Zu diesem Handbuch

Dieses Buch ist natürlich auch als Nachschlagewerk gedacht. Dazu noch einige Anmerkungen: Jede der 50 Besprechungen enthält eine kurze Inhaltsangabe und eine knappe Bewertung, die den Charakter des jeweiligen Films hervorhebt. Hinzu kommen thematische Stichworte, die am Ende des Buches in einem Index aufgeführt werden und so eine Filmauswahl nach inhaltlichen Gesichtspunkten ermöglichen. Selbstverständlich fehlen auch die filmografischen Angaben nicht (Originaltitel, Produktionsland, Jahr der Uraufführung, Regisseur, Darsteller, Drehbuchautor, Laufzeit, Altersfreigabe). Als Schmankerl ist noch ein Zitat aus dem jeweiligen Film beigefügt.

Ausdrücklich sei darauf hingewiesen, dass die angeführten Altersfreigaben von der FSK (Freiwillige Selbstkontrolle der Filmwirtschaft) übernommen wurden. Es handelt sich also nicht um Empfehlungen des Autors. Manche Filme enthalten erotische Szenen, Gewaltdarstellungen oder Textpassagen, die meiner Ansicht nach für die angegebene Altersstufe noch nicht geeignet sind. Wer einen der hier vorgestellten Filme zusammen mit Kindern ansehen möchte, sollte ihn sich deswegen zunächst alleine anschauen, um zu entscheiden, ob er wirklich »familientauglich« ist.

Am Ende des Buches sind für eine gezieltere Nutzung dann noch einige Register angefügt: die Originaltitel (in alphabetischer Reihenfolge), eine chronologische Auflistung der 50 Filme, das Themenverzeichnis sowie ein Register der Regisseure und der Hauptdarsteller. Für alle, denen dieses Buch Lust gemacht hat, noch weiter nach lohnenswerten Filmen zu suchen, sind zusätzlich 50 Filme aufgelistet, die schlicht aus Platzgründen nicht mit längeren Besprechungen aufgenommen werden konnten. Und für alle Listenfans habe ich außerdem meine »Top 10« aus den 50 besprochenen Filmen ausgewählt.

Am achten Tag

Schneerauschen auf einem Fernsehschirm. »Am Anfang war nichts«, hören wir eine Stimme. »Da war nur Musik. Am ersten Tag hat er die Sonne gemacht. Und dann hat er die Erde gemacht. Am zweiten Tag hat er das Meer gemacht, das macht die Füße nass. Am dritten Tag hat er die Schallplatten gemacht.« Erzählt wird diese eigenwillige Schöpfungsgeschichte, mit der Jaco Van Dormaels Film einsetzt, von einem stämmigen, gedrungenen Nacken. Er gehört Georges. Georges streichelt gern Bäume und leidet mit der Kreatur, mit dem Schmetterling und der Ameise, die von einem Staubsauger verschluckt wird, und er möchte gern Hochzeit machen, mit seiner Freundin Nathalie oder auch mit einer Schuhverkäuferin.

Georges ist »mongoloid«, und seine Heimat vermutet er in den Steppen der Mongolei. Der junge Mann ist aus einem Heim für geistig Behinderte ausgebüchst, um seine tote Mutter zu besuchen – oder

besser: um ein Zuhause zu finden. Eines Nachts trifft er Harry, als der im Regen auf der Landstraße einen Hund überfährt. Zwei Welten prallen plötzlich aufeinander, die unterschiedlicher nicht sein könnten.

Harry ist ein Verkaufstrainer, der Motivationsseminare für Jungmanager hält. Er lehrt den Erfolg und das Lächeln als Methode, um Profit zu machen. Jeder seiner Tage läuft mit der gleichen einförmigen Präzision ab: Morgens plärrt Werbung aus dem Radiowecker, zwei Scheiben Brot springen aus dem Toaster, die Zahnbürste fällt ins Glas zurück, Harry zeigt dem Spiegel die Zähne – er legt die Lächelmaske für den Tag auf. Im Vergleich mit Georges schneidet der »Normalo« ziemlich schlecht ab. Harry ist ein Beziehungskrüppel, emotional verkümmert: die Ehe zerrüttet, die Kinder entfremdet, der Beruf ein einziger Stress. Und er wird Georges einfach nicht mehr los. Doch der Moment, in dem er das resignierend akzeptiert, ist der Beginn einer wunderbaren Freundschaft.

»Das war eine schöne Minute. Gehört uns. Gehört uns, die Minute.«

Georges' phantasievolle Zärtlichkeit und die heitere Würde, die er ausstrahlt, sind ebenso anrührend wie entwaffnend. Aber Georges kann auch sehr schwierig und widerspenstig sein. In spontanem Protest wirft er Harrys Handy aus dem Mercedes, provoziert einen LKW-Fahrer so hartnäckig, bis Harry dafür Prügel bezieht, und beginnt in einem Geschäft zu toben, weil er unbedingt ein Paar neue Schuhe mitnehmen will, die er gar nicht bezahlen kann. (Er bekommt sie trotzdem.) Jaco Van Dormael verleugnet in keinem Moment die Konflikte, die Georges auslöst; die Heiterkeit, mit der die Geschichte inszeniert ist, verharmlost die Probleme nicht.

Wenn in Hollywood-Produktionen Behinderte zu Hauptfiguren werden, dann nehmen sich oft bekannte Darsteller dieser Rollen an, um ihr Können unter Beweis zu stellen: Man denke nur an Dustin Hofmann in *Rain Man*, Robert De Niro in *Zeit des Erwachens*,

Robin Williams in *König der Fischer* oder Sean Penn in *Ich bin Sam*. *Am achten Tag* unterscheidet sich grundlegend von diesen Filmen, weil Pascal Duquenne, der die Rolle des Georges spielt, selbst am Down-Syndrom leidet. Doch in keiner Szene wird seine Behinderung vorgeführt; Duquenne agiert vielmehr wie ein überaus professioneller Schauspieler, der sichtbar Freude daran hat, wie gut er seine Aufgabe meistert. Für seine herausragende Leistung wurde er 1996 gemeinsam mit Harry-Darsteller Daniel Auteuil bei den Filmfestspielen in Cannes mit der Goldenen Palme ausgezeichnet.

Kurzinhalt

Verkaufstrainer Harry gibt Motivationskurse für Jungmanager. Doch seit seine Frau ihn verlassen hat, versteinert er innerlich immer mehr. Eines Nachts liest er auf der Straße den mongoloiden Georges auf, der aus einem Heim entwischt ist. Eine Reihe von Abenteuern schweißt die beiden Männer zusammen. Der vermeintlich Schwache hilft dem vermeintlich Stärkeren, das Leben mit anderen Augen zu sehen.

Georges, auf der Suche nach der verlorenen Familie, weist Harry den Weg, um Frau und Kinder zurückzugewinnen. Der äußerlich Gesunde, aber im Grunde Lebensbehinderte wird durch den vermeintlich Kranken kuriert. In seiner Herzlichkeit und Einfachheit erinnert Georges seinen gestressten Freund an einen verlorenen Teil seiner selbst. Er hilft dem ausgebrannten Kopfmenschen, die Welt mit kindlichem Blick zu sehen. Georges besitzt, was Harry verloren hat: ein liebevolles Herz und den naiv-direkten Zugang zu den einfachen Freuden des Daseins. Er lehrt ihn, verschwenderisch mit der Zeit umzugehen und über den Käfer, das Gras und den Wolkenhimmel zu staunen.

Kurzwertung

Phantasievoll und emotional eindringlich erzählte Geschichte einer ungewöhnlichen Männerfreundschaft.

Themen

Behinderte, Freundschaft, Familie, Werte

Am achten Tag zeigt, dass der Kontakt zu Behinderten anstrengend ist. Aber er macht auch bewusst, dass wir mit unserem Rennen und Rackern, mit unserer seelenlosen und abgestumpften Geschäftigkeit alle Empfangsorgane für die Schönheiten der Schöpfung zerstören. Georges dagegen kann erkennen und genießen, was Gott schenkt. Am Ende wird die Schöpfungsgeschichte noch einmal erzählt, diesmal von Harry: »Und er fragte sich, ob nichts fehle. Am achten Tag machte er Georges. Und er sah, dass es gut war.«

	Am achten Tag
Originaltitel	Le Huitième Jour (Frankreich/Belgien 1996)
Regie	Jaco Van Dormael
Darsteller	Daniel Auteuil (Harry), Pascal Duquenne (Georges), Miou-Miou (Julie), Isabelle Sadoyan (Georges' Mutter), Michele Maes (Nathalie)
Drehbuch	Jaco Van Dormael
Laufzeit	118 Minuten
Altersfreigabe	ab 6

Amistad

Ein Schiff im Sturm, finstere Nacht. Unter Deck: nackte Körper in Ketten. Eine Hand zieht einen Nagel aus den Holzdielen, schwitzend, panisch. Ein Mann, zunächst nur in extremer Nahaufnahme zu sehen, befreit sich und seine Mitgefangenen, Waffen werden verteilt, sie stürzen hinaus ins Unwetter, ein verbissener und erbarmungsloser Kampf beginnt, vom Gewitterblitzlicht sekundenkurz erhellt. Die Mannschaft wird niedergemacht. Einer der Gefangenen, ein hünenhafter Afrikaner, ringt mit dem Kapitän, stößt ihm mit aller Kraft und wildem Heulen den Säbel durch die Brust. Danach ist der Schrecken vorüber, das Schiff treibt auf ruhiger See, die Sklavenhändler sind getötet. Wie in *Schindlers Liste* und *Der Soldat James Ryan* mutet Steven Spielberg auch in *Amistad* den Zuschauern drastische Gewaltszenen zu – weil er die Wahrheit erzählen möchte.

Sein Film erzählt eine historische Begebenheit: Im Sommer 1839 bricht auf dem spanischen Sklavenschiff »La Amistad« vor der Küste Kubas eine Revolte aus. Zwei Überlebende der spanischen Besatzung sollen das Schiff nach Afrika zurückbringen – doch sie steuern es vor die Küste New Englands. Dort werden die Aufständischen von amerikanischen Soldaten gefangen genommen. Schon bald darauf macht man ihnen den Prozess.

Aber in dem Gerichtsdrama, das nun beginnt, geht es gar nicht darum, die Sklaven für ihre Rebellion zu bestrafen – sie werden vielmehr als wertvolles Handelsgut betrachtet. Deswegen erheben gleich mehrere Kläger Anspruch auf die »menschliche Ware«. Die entscheidende Frage ist dabei allerdings, ob die 44 Überlebenden in Kuba in Gefangenschaft geboren wurden und somit »rechtmäßig« Sklaven sind – oder ob man sie illegal aus Westafrika verschleppt hat.

»Wir werden einen Kampf gegen einen Löwen austragen, der unser Land in zwei Teile zu zerreißen droht – und wir haben nichts weiter auf unserer Seite als einen Stein.«

Und Menschenraub war es, wie einer von ihnen, Cinque, erzählt, nachdem sich ein Übersetzer gefunden hat: Männer und Frauen wurden auf die »La Amistad« gepeitscht, in Ketten gelegt, eingepfercht und gefüttert wie Vieh, immer wieder brutal misshandelt. Weil die Vorräte nicht ausreichen, wirft man die Schwachen über Bord, ertränkt sie. Quälende Bilder sind zu sehen, die ins Herz schneiden. Sie machen den mörderischen Zorn nachvollziehbar, mit dem sich die Verschleppten in der Eröffnungsszene über ihre Peiniger hermachen.

Nach zwei spektakulären Freisprüchen interveniert der amtierende US-Präsident, weil er um seine Wiederwahl bangt – der Fall muss noch einmal verhandelt werden, und zwar vor dem Obersten Gerichtshof. Der überwiegende Teil der Richter in dieser höchsten Instanz hält selbst Sklaven, die Aussichten der Angeklagten stehen denkbar schlecht. Der Ex-Präsident John Quincy Adams (Anthony

Hopkins) erklärt sich bereit, die Sache der Schwarzafrikaner zu vertreten – sein mit kämpferischem Pathos vorgetragenes Plädoyer vor den obersten Bundesrichtern bildet den packenden Höhepunkt des Films. Wie der alte Mann, der schläfrige Behäbigkeit als Tarnung benutzt, die Väter der Nation und der amerikanischen Verfassung herbeizitiert, während er an ihren Büsten entlangschreitet, das ist ein großer, sehr bewegender Moment.

Kurzinhalt

Auf dem spanischen Sklavenschiff »La Amistad« bricht eine von dem Afrikaner Cinque angeführte Meuterei aus. Die Sklaven übernehmen das Schiff und wollen von zwei Spaniern, die das Massaker überlebt haben, nach Afrika zurückgebracht werden. Doch nach langer Irrfahrt landet die Amistad vor der Küste Nordamerikas, wo über das Schicksal der Schwarzen vor Gericht entschieden wird.

Die erstaunlichste Szene des Films findet jedoch nicht im Gerichtssaal statt, sondern im Gefängnis. Einer der Schwarzen, Jamba, hält eine aufgeschlagene Bibel in der Hand. Cinque sagt ihm, er müsse nicht so tun, als ob er sie lese, es sehe niemand zu. Der andere antwortet, er täusche nichts vor: »Ich fange an, alles zu verstehen.« Und er erzählt Cinque allein anhand der Illustrationen – Holzstiche von Gustave Doré – das Leben Jesu. Er zeigt ihm die Krippe: »Seine Geburt hat alles verändert.« »Wer ist das?«, fragt Cinque. »Das weiß ich nicht. Aber wohin er auch geht, die Sonne folgt ihm«, erwidert Jamba und deutet auf den Heiligenschein. Er blättert weiter und erzählt von der Menschenliebe Jesu und von seinen Heilungswundern, von seiner Gefangennahme, seiner Kreuzigung und seiner Auferstehung.

Kurzwertung

Kraftvolles Plädoyer für die Menschenwürde.

Themen

Sklaverei, Menschenrechte, Freiheit, Hoffnung

Spielberg verweist mit dieser beeindruckenden Sequenz auf das, was den afrikanischen Sklaven geholfen hat, ihr hartes Los zu ertragen: die christliche Botschaft, dass alle irdische Bedrängnis im Reich Gottes ein Ende findet und der Glaube mit unvergänglicher Freude belohnt wird. Jesus ist der Bruder dieser Sklaven, weil er Gleiches erlitten hat. Und er ist ihnen vorausgegangen. Sie werden wie er auferstehen und bei ihm sein – davon ist Jamba überzeugt. Ich kenne keinen anderen Hollywood-Film der 90er Jahre, in dem die biblische Erlösungshoffnung so bestechend klar und eindringlich verkündet wird.

	Amistad
Originaltitel	Amistad (USA 1997)
Regie	Steven Spielberg
Darsteller	Anthony Hopkins (John Quincy Adams), Djimon Hounsou (Cinque), Matthew McConaughey (Roger Baldwin), Morgan Freeman (Theodore Joadson), Nigel Hawthorne (Martin Van Buren)
Drehbuch	David Franzoni
Laufzeit	155 Minuten
Altersfreigabe	ab 12

Angie

Gebannt betrachtet Angie (Geena Davies) im *New Yorker Metropolitan Museum of Modern Art* ein Gemälde von Edgar Degas: Eine müde, abgestumpfte Frau sitzt apathisch an einem Tisch und starrt vor sich hin, daneben ihr Mann, der sie nicht beachtet. Beklommen erkennt Angie sich selbst in diesem Bild – und fürchtet, dass es ihre Zukunft zeigen könnte.

Angie stammt aus Brooklyn. Sie ist eine attraktive, lebenslustige und ziemlich respektlose Frau, die kein Blatt vor den Mund nimmt. Angie kann ziemlich ordinär sein und hat so manche Zote auf Lager. Ein Vorbild für christliche Mädchenerziehung ist sie wahrlich nicht. Sie arbeitet für eine Zeitschrift, »die niemand kennt«, und ist seit Jahren mit dem selbstständigen Klempner Vinnie befreundet – aber immer noch lebt jeder in seiner eigenen Wohnung.

Ihre Mutter hat die Familie verlassen, als Angie drei Jahre alt war. Die Mutter ist die große Leerstelle in Angies Leben. Ihr Vater hat erneut geheiratet, aber mit der Stiefmutter ist sie nie richtig warm geworden. Angie wird ungewollt schwanger – Vinnie, der Vater, ist begeistert und möchte sie auf der Stelle heiraten. Er kauft ein Haus und will eine »ganz normale

Familie« gründen. Genau das will Angie nicht. Sie hat zu viele abschreckende Ehen vor Augen – wie die ihrer besten Freundin Tina, die von ihrem arbeitslosen Ehemann immer wieder gedemütigt wird.

Die Schwangerschaft löst erhebliche Verwirrung in Angie aus: Sie trennt sich von Vinnie und beginnt ein Verhältnis mit dem Rechtsanwalt Noel, den sie im Museum kennen lernt. Nicht nur, dass sie ständig von Übelkeit geplagt wird (dagegen helfen angeblich Cracker). Wohlmeinende Freundinnen stimmen Angie außerdem mit Gesprächen über Presswehen, Dammriss, drohende Brustentzündungen und schlaflose Nächte auf die bevorstehende Mutterschaft ein.

»Ewig in Panik und total am Ende!«

Angie wird ins Krankenhaus eingeliefert – und erlebt einen Alptraum: Bei der Geburt sind alle Atemübungen vergessen, Angie stöhnt und schreit vor Schmerzen, sie flucht und weint, ist völlig fertig. Manche Mutter wird sich in dieser hysterischen Szene wiedererkennen. Doch es kommt noch schlimmer: Der Junge, den sie zur Welt bringt, ist behindert, er hat eine Klumphand. Tiefe Entfremdung stellt sich ein, als er auch noch die Brust der Mutter verweigert. Mein Sohn will mich nicht, denkt Angie. Selten ist in einem Hollywood-Film das Mutterglück radikaler in Frage gestellt worden.

In einem Moment tiefer Verzweiflung läuft Angie davon und lässt den kleinen Sean bei den Großeltern zurück. Sie macht sich auf die Suche nach der eigenen Mutter, die ein besseres Leben gefunden hat. Das jedenfalls meint Angie, obwohl ihre Mutter in all den Jahren nie mehr etwas von sich hören ließ. Im Hinterzimmer eines

Kurzinhalt

Die attraktive Redakteurin Angie ist ungewollt schwanger. Ihr Freund Vinnie will sie heiraten, doch sie trennt sich stattdessen von ihm und beginnt eine Affäre mit dem Rechtsanwalt Noel. Als Angie ein verkrüppeltes Kind zur Welt bringt, flüchtet sie und sucht ihre eigene Mutter. Die Wiederbegegnung führt zu einer entscheidenden Wende in Angies Leben.

texanischen Motels kommt es zu einem liebevollen und gleichzeitig erschreckenden Wiedersehen: Angies Mutter ist schizophren, ein menschliches Wrack.

Die Wiederbegegnung wird zum Wendepunkt. Angie kehrt zu ihrem Kind zurück, das nicht das gleiche Schicksal erleiden soll wie sie selbst. Sie erfährt, dass Sean mittlerweile wegen einer Lungenentzündung im Koma liegt – und was als Befreiungsversuch aus bürgerlichen Rollenklischees begann, endet nun im Kampf der Mutter um das Leben ihres Sohnes, im eindeutigen Ja zu diesem Kind. Angie verspricht dem im Brutkasten liegenden Sohn, bei ihm zu bleiben. Sie ist jetzt bereit, die Schwierigkeiten und Begrenzungen, die mit diesem Menschenkind verbunden sind, auf sich zu nehmen. Sean überlebt.

Kurzwertung

Aufwühlendes und bunt inszeniertes Mutterschafts-Melodram.

Themen

Mutterrolle, Familie, Verantwortung, Selbstfindung

Angie ist keine Vorzeigemutter, sondern ein widersprüchlicher Charakter, der sich überfordert fühlt von den Problemen, die sich vor ihm auftürmen. Aber Angie erkennt, wie fragwürdig es ist, wenn die eigene Emanzipation auf Kosten der Kinder durchgesetzt wird. Sie entscheidet sich für ihren Sohn.

Angie

Originaltitel	**Angie, I Says (USA 1993)**
Regie	**Martha Coolidge**
Darsteller	**Geena Davis (Angie), Stephen Rea (Noel), James Gandolfini (Vinnie), Aida Turturro (Tina), Philip Bosco (Frank)**
Drehbuch	**Todd Graff**
Laufzeit	**108 Minuten**
Altersfreigabe	**ab 12**

Apostel!

Ein grausiger Verkehrsunfall, mehrere Fahrzeuge sind beteiligt, es hat Tote gegeben. Als der Erweckungsprediger Sonny Dewey (Robert Duvall) am Unfallort vorbeikommt, hält er an, steigt aus und läuft, von den Polizisten unbemerkt, zu einem der Autos, die in ein Feld geschleudert wurden. Er findet ein schwer verletztes junges Paar vor. Aber der Pastor ist nicht gekommen, um erste Hilfe zu leisten, sondern um die Seelen dieser wahrscheinlich sterbenden Unfallopfer zu retten. »Lieber heute sterben und in den Himmel kommen, als hundert werden und in der Hölle enden!«, lautet sein Motto – und es gelingt: Der Mann hinter dem Steuer atmet zwar kaum noch, aber er hört den Ruf des Evangeliums und bekehrt sich. Als Sonny zu seinem Wagen zurückkehrt, sagt er zu seiner Mutter: »Wir haben heute Morgen für Schlagzeilen im Himmel gesorgt!«

Anders als Reverend Jonas Nightengale in *Der Schein-Heilige* ist Sonny kein Scharlatan; seine feurigen Predigten sind keine leeren Gesten, und es ist nicht sein Ziel, den Gläubigen das Geld aus der Tasche zu ziehen. Auch wenn Showelemente untrennbar zu seinen Gottesdiensten und Ansprachen dazugehören, bleibt seine Frömmig-

keit doch glaubwürdig, wirkt sein leidenschaftliches Engagement »für den Herrn« echt und integer. Sonny predigt seit seinem zwölften Lebensjahr; er ist ein mitreißender, aber auch selbstgefälliger Mann, ein Evangelist, der durch alle Bundesstaaten reist, um Gottes Botschaft zu verkünden und überall neue Kirchengemeinden zu gründen. Sonny sieht sich als Apostel, durchdrungen von seiner Mission, Menschenfischer für Jesus zu sein. Und genau darin liegt auch die Faszinationskraft, die von ihm ausgeht und immer wieder zu neuen Bekehrungen führt.

Kurzinhalt

Ein charismatischer Erweckungsprediger aus Texas erschlägt im Affekt den Liebhaber seiner Frau. Er flieht nach Louisiana und beginnt dort, eine neue, blühende Gemeinde aufzubauen – bis ihn seine Vergangenheit wieder einholt ...

Wenn Sonny sich zu Fuß auf den Weg macht, beschleunigt er bald unbewusst seinen Gang, bis er fast läuft, denn er kann es kaum abwarten, sein nächstes Ziel zu erreichen: »Immer in Bewegung, immer in Bewegung, immer in Bewegung«, sagt er über sich selbst, und nichts könnte ihn treffender beschreiben. Robert Duvall verzichtet gänzlich darauf, karikierende Momente in die Darstellung dieses charismatischen Predigers einzuflechten, wie dies sonst in Hollywood-Filmen oft geschieht. Aber er idealisiert ihn auch nicht. Sonny ist kein ungebrochener, unbefleckter Charakter: Wie der biblische David hat der Gottesmann eine Schwäche für Frauen (»Ich weiß, dass ich ein Sünder bin und manchmal auch ein Schürzenjäger«), und bisweilen kann er seinen Jähzorn nicht zügeln. Als er bemerkt, dass seine Frau ihn mit dem Jugendpastor seiner Gemeinde betrügt, schlägt er ihn in seiner Wut mit einem Baseballschläger nieder. Der Kollege fällt ins Koma (aus dem er nicht mehr erwacht), Sonny flieht, versenkt sein Auto und macht sich im Überlandbus auf den Weg nach Louisiana,

Kurzwertung

Überzeugendes Porträt eines Südstaaten-Erweckungspredigers mit dokumentarischen Qualitäten.

Themen

Frömmigkeit, Evangelisation, Bekehrung, Schuld

wo er in Bayou Boutté schon bald wieder das zu tun beginnt, was er am besten kann: predigen.

Der herzkranke, pensionierte Reverend Blackwell wird schnell von Sonnys Eifer und Zielstrebigkeit angesteckt (»Der Geist des Herrn ist in mir und geleitet mich«): Er überlässt ihm seine schlichte, mittlerweile verwaiste Holzkirche. Innerhalb weniger Wochen schafft es der ebenso kompromisslose wie begeisternde neue Verkündiger (»Ich bin eure bis an den Rand mit Heiligem Geist und Jesus gefüllte Predigtmaschine!«), eine kleine Gemeinde um sich zu scharen, die kontinuierlich wächst und eine herzliche, kraftvolle Gemeinschaft bildet. Die Armen werden mit Lebensmitteln beschenkt, Sünder bekehren sich und lassen sich im Fluss taufen, die Gottesdienste verlaufen immer enthusiastischer. *One Way Road to Heaven*, »Einbahnstraße zum Himmel« steht auf dem Pfeil, der an der Fassade von Sonnys Pfingstkirche prangt und steil nach oben weist. Ebenso unmissverständlich und entschieden wie dieser Fingerzeig verkündet Sonny mit seiner zerlesenen Bibel in der Hand die befreiende Kraft des Glaubens an Jesus.

»Jesus ist die Einbahnstraße in den Himmel! Jesus wartet, und der Heilige Geist ist der Schaffner – alles einsteigen, alles einsteigen!«

Apostel! vermittelt einen lebendigen, authentischen Eindruck von pfingstlerischer Frömmigkeit, wie sie im amerikanischen Süden anzutreffen ist. An keiner Stelle seines Films lässt sich Robert Duvall zu einer Wertung hinreißen, was *Apostel!* über weite Strecken einen nahezu dokumentarischen Charakter verleiht. Sonny denkt nicht daran, sich der Polizei zu stellen, aber er weiß, dass ihn seine Bluttat irgendwann einholen wird. Bis dahin will er für seinen Herrn »die Hölle plündern« (»Wir verpassen dem Teufel heute einen Kurzschluss!«). Das ist sein einziger Gedanke, sein Auftrag, der Sinn seines Lebens, davon kann und will er nicht ablassen. Seine Schuld muss in den Hintergrund rücken – bis die Streifenwagen schließlich vor seiner Kirche stehen. Die letzten Bilder zeigen ihn in einem Trupp von Sträflingen beim Straßenbau. Sonny bleibt seiner Berufung treu, wohin Gott ihn auch führt, um immer wieder nur einen einzigen Namen zu verkünden: Jesus.

	Apostel!
Originaltitel	**The Apostle (USA 1997)**
Regie	**Robert Duvall**
Darsteller	**Robert Duvall (Euliss »Sonny« Dewey), Farrah Fawcett (Jessie Dewey), Miranda Richardson (Toosie), John Beasley (Reverend Blackwell), June Carter Cash (Mrs. Dewey sr.)**
Drehbuch	**Robert Duvall**
Laufzeit	**134 Minuten**
Altersfreigabe	**ab 12**

»In meinem Amt sind meine Töchter wie meine rechte und meine linke Hand. Sie wollen mir doch meine Hände nicht wegnehmen?« Höflich, aber bestimmt weist der Vater das Ansinnen der heiratswilligen jungen Männer zurück, die um Martina und Philippa werben. Er ist der Pastor einer pietistischen, sehr asketisch ausgerichteten Gemeinde auf Jütland, die er selbst gegründet hat. Seine Töchter, »von der Schönheit blühender Obstbäume«, sind nach Martin Luther und dem Theologen Philipp Melanchthon benannt. Auch der Husarenleutnant Lorens Löwenhjelm und der Opernsänger Achille Papin verlieben sich in die Schwestern – aber Martina und Philippa entscheiden sich beide, in der kaum mehr als zehn Häuser zählenden Fischersiedlung zu bleiben und ihren Vater zu unterstützen.

Nach dem Tod des Vaters führen die Schwestern sein Werk weiter: Sie setzen die Versammlungen der kleinen Gemeinde fort und versorgen die Alten und Kranken des norddänischen Dorfes. Viele Jahre vergehen, Martina und Philippa werden alt, bleiben ihrem Samariterdienst aber treu. Dann trifft in einer stürmischen Regennacht

des Jahres 1871 eine französische Köchin in dem einsam gelegenen Örtchen ein. Nach den Massakern der Pariser Commune ist Babette aus Paris geflohen und sucht nun im Pfarrhaus Zuflucht. Ihr Mann und ihr Sohn sind füsiliert worden. Weil sie eine Empfehlung von Achille Papin vorweisen kann, nehmen die Schwestern sie auf. Ohne Bezahlung übernimmt Babette fortan als einfache Magd den täglichen Küchendienst. Sie erweist sich dabei als exzellente Köchin, die geschickt zu wirtschaften versteht – und das 14 Jahre lang.

Eines Tages gewinnt sie unverhofft in einer Lotterie 10 000 Francs. Martina und Philippa gehen davon aus, dass Babette sie nun verlassen und wieder nach Frankreich zurückkehren wird. Doch Babette wünscht sich vor allem, am Gedenkfest für den verstorbenen Pastor der Gemeinschaft ein Festessen servieren zu dürfen. Die Schwestern stimmen zwar zu, geraten aber sehr in Sorge, als die exquisiten Zutaten an den sprachlos staunenden Dorfbewohnern vorbeigetragen werden: »Martina, das alles beunruhigt mich ein wenig...« Die Eingeladenen fürchten, dass diese fleischlichen Freuden ihr Seelenheil in Mitleidenschaft ziehen könnten, und beschließen, die dargebotenen Speisen zwar zu essen, sie aber nicht zu genießen und kein Wort über sie zu verlieren: »Es wird sein, als hätten unsere Zungen nie einen Geschmack gekannt.«

Kurzinhalt

1871, nach dem Scheitern der Pariser Commune, findet die französische Köchin Babette in einem dänischen Fischerdorf Zuflucht. Dort führt sie 14 Jahre lang den Haushalt der frommen, asketisch lebenden ältlichen Schwestern Philippa und Martina. Schließlich erfüllt sie sich einen Herzenswunsch und bewirtet die kleine pietistische Gemeinde der Schwestern selbstlos mit einem kulinarischen Mahl erster Güte.

Unter den Gästen ist auch der zum General aufgestiegene Lorens Löwenhjelm, der am Ende seiner Karriere zwar seinen Ehrgeiz befriedigt sieht, sich aber trotzdem innerlich leer fühlt. Er ist der Einzige, der erkennt, von welch überragender Raffinesse Babettes Kreationen sind. Wahrlich, es ist ein wundervolles Essen, ein Mahl der Wunder, denn es verwandelt alle, die daran teilnehmen. Eine Gemeinschaft, in der sich Bitterkeit, Zwietracht und Schuld ausgebreitet haben, findet wieder zueinander: Gang um Gang erleben diese schlichten Menschen, wie sich ihre eng gewordenen Herzen wieder weiten. Es sind tief berührende Momente, wenn die Mauern zwischen ihnen fallen und sie beginnen, sich neu dem anderen liebevoll zuzuwenden und sich miteinander zu versöhnen.

Zwölf Personen sitzen um diesen reich gedeckten Tisch, und es ist ganz offenkundig, dass Gabriel Axel (und vor ihm natürlich die dänische Schriftstellerin Tania Blixen, auf deren gleichnamiger Erzählung der Film basiert) hier ein Bild für das Abendmahl gefunden hat. Es ist das christliche Liebesmahl, zu dem Bekenntnis und Vergebung, Heilung und Erneuerung, Lobpreis und Lebensfreude gehören. Babettes Festessen gibt einen Vorgeschmack auf die Verheißung des Paradieses, wenn Christus mit seinen Jüngern dieses Mahl feiern wird.

»Sie werden ein Entzücken sein, ein Entzücken für die Engel.«

Das Diner, bei dem Babette selbst die ganze Zeit über in der Küche steht und nichts anderes im Sinn hat, als den Gästen den größtmöglichen Genuss zu bereiten, ist ein bewegender Akt selbstloser, liebender Hingabe, ja der Selbstaufopferung: Babette übernimmt die Kosten für das üppige Menü und verwendet dafür ihren gesamten Lotteriegewinn. Sie gibt alles, was sie hat – und führt die puritanische Gemeinschaft an diesem Abend aus ihrer farblosen Strenge in die Fülle und Schönheit des Lebens und alles Geschaffenen. Doch das Größte ist, dass diese Gemeinde wieder zu einer Gemeinschaft der Liebe wird. In Babette spiegelt sich, was Christus für die Menschen getan hat und immer neu tut.

Doch das Festmahl ist für Babette auch ein Akt der Befreiung: Durch ihre kulinarische Meisterleistung offenbart sie ihre wahre Identität als Künstlerin. Aber es geht Babette nicht um Beifall und Bewunderung. Sie möchte die Menschen mit ihrer außerordentlichen

Begabung glücklich machen – und dabei selbst glücklich werden. »Erlaubt doch, dass ich euch mein Allerbestes gebe!«, lautet ihr Herzenswunsch. Deswegen ist Babette nach diesem grandiosen Diner nicht erschöpft, und sie fühlt sich auch nicht arm: Sie hat ebenso viel genommen, wie sie gegeben hat.

Kurzwertung

Eine großartige Hymne auf die selbstlose Hingabe an den Menschen.

Themen

Frömmigkeit, Nächstenliebe, Selbstlosigkeit, Versöhnung

Am Ende gehen die Alten nach draußen in eine sternenklare Nacht, fassen sich an den Händen, stimmen ein Loblied an und beginnen, fröhlich miteinander zu tanzen. Ein solch vollkommenes Happy End hat das Kino noch nicht gesehen, weil es alles enthält, wonach wir uns sehnen: das Glück, sich über die Maßen beschenkt zu wissen, zu lieben und geliebt zu werden, von Gott und den Menschen, aus tiefstem Herzen versöhnt zu sein mit sich selbst und dem Leben. Es gibt ein Wort dafür: Gnade.

	Babettes Fest
Originaltitel	Babettes Gaestebud (Dänemark 1987)
Regie	Gabriel Axel
Darsteller	Stéphane Audran (Babette), Hanne Stensgaard (junge Philippa), Bodil Kjer (alte Philippa), Vibeke Hastrup (junge Martina), Brigitte Federspiel (alte Martina), Jarl Kulle (alter Löwenhjelm)
Drehbuch	Gabriel Axel
Laufzeit	102 Minuten
Altersfreigabe	ab 6

Bad Lieutenant

Ein Mann steht nackt in irgendeiner Absteige, die Augen geschlossen, die Arme ausgebreitet. Er ist vollgepumpt mit Drogen und weiß nicht mehr, was er tut. Er jault wie ein verwundetes Tier, schluchzt und schwankt in der Pose des Gekreuzigten, ein wuchtiger, winselnder, misshandelter Körper, allein mit sich und seiner Qual. Der Mann ist Polizist – bei der New Yorker Drogenfahndung. Einen Namen hat er nicht, aber um ihn zu charakterisieren, genügt der Filmtitel: *Bad* – schlecht, böse.

Der Lieutenant ist am Beginn des Films eigentlich bereits am Ende: ein Mann ohne Ethos, ohne Ehrgeiz, ohne Zukunft. Verbrechen interessieren ihn so wenig wie ihre Aufklärung, er tut seinen Job mit geringstmöglichem Aufwand; er schnupft Koks, raucht Crack, spritzt Heroin und gurgelt die tägliche Übelkeit mit Wodka herunter; er handelt mit Drogen, belügt Vorgesetzte und betrügt Kollegen um ihren Gewinn aus Baseballwetten. Als er an einen Tatort kommt, würdigt er die blutüberströmten Leichen im Auto kaum eines Blickes, sondern durchsucht den Wagen sofort nach Stoff, den er mitgehen lassen kann. Er bringt seine Söhne im Auto zur Schule, ungeduldig,

sie loszuwerden, um sich noch am Steuer seine morgendliche Ration Kokain in die Nase zu ziehen. Er bemüht sich nicht einmal mehr um Diskretion. Es kann nicht mehr lange dauern, bis die Fassade seiner bürgerlichen Existenz völlig zusammenbricht.

Es gibt Szenen in diesem Film, die zum Schonungslosesten gehören, was das Kino je gezeigt hat. Einmal hält der Lieutenant nachts zwei junge Frauen an, die ohne Führerschein und Zulassung unterwegs sind. Er zwingt sie zu Obszönitäten und masturbiert dabei gegen die Wagentür. Das ist vor allem deswegen so brutal und peinigend, weil es in voller Länge gezeigt wird: die Furcht der Mädchen, ihr nervöses Kichern, ihre Scheu, ihr ungläubiges Entsetzen, ihr zögerndes Mitmachen, ihr Schweigen danach. Ohne jede Berührung kommt diese Szene aus und ist doch voller Gewalt. Das Schockierendste an ihr ist nicht so sehr die Demütigung der beiden Teenager, sondern die verzweifelte Einsamkeit und abgrundtiefe Selbstverachtung des freudlosen Lieutenant.

Kurzinhalt

Der namenlose Antiheld des Films ist Lieutenant der New Yorker Polizei, drogenabhängig, durch Wettschulden finanziell ruiniert, ohne jedes Ethos. Dass eine Nonne ihren Vergewaltigern vergibt, erschüttert ihn tief. Als der Cop die Täter verhaften kann, lässt er sie frei und gibt ihnen 30 000 Dollar mit, die ihm nicht gehören. In seinem Wagen sitzend, wird er aus einem vorbeifahrenden Auto erschossen.

Der Lieutenant wettet 15 000 Dollar, die er gar nicht besitzt, bei einem Baseballspiel – und verliert. In maßloser Wut feuert er mit seiner Pistole auf sein Autoradio, das die Niederlage »seiner« Mannschaft meldet, und jagt dann hemmungslos heulend mit Polizeisirene durch die Stadt: ein erschütterndes Bild der Ausweglosigkeit, des Elends, der Erbärmlichkeit. In dieser hoffnungslosen Situation scheint ihm ein entsetzliches Verbrechen eine letzte Chance zu bieten: Eine Nonne ist in ihrer Kirche auf dem Altar vergewaltigt worden, »geschändet mit einem Kruzifix«. Die lokale Mafia setzt 50 000 Dollar für die Ergreifung der Täter aus. Die Nonne kennt zwar die Namen ihrer beiden Peiniger, will sie aber nicht nennen, nicht einmal in der Beichte, die der Lieutenant belauscht – weil sie ihnen vergeben hat.

Dieser ungeheuerliche, radikale Akt der Gnade ist dem Lieutenant unbegreiflich, überwältigt ihn geradezu. Er sieht, dass das Böse nicht fortwährend Böses zeugen muss, der Teufelskreis der Gewalt durch das Verzeihen durchbrochen werden kann. In einer Kirche hat er daraufhin eine handgreifliche Christusvision: Er sieht den Gekreuzigten vor sich stehen. Zunächst beschimpft er ihn, kriecht dann wimmernd auf ihn zu, bittet um Vergebung für seine Sünden und fleht ihn an, ihm zu helfen. Und der blutende Gottessohn streckt seine Hände zu diesem Verlorenen aus, der so erbarmungswürdig nach Erlösung schreit. Das ist eine Sequenz von solcher Eindringlichkeit, dass einem der Atem stockt. Später wiederholt der Lieutenant dann, was er bei der Nonne und sich selbst erlebt hat: Als der Cop die jugendlichen Vergewaltiger findet, verzichtet er auf Rache und seine Belohnung; er schenkt ihnen die Freiheit – und 30 000 Dollar, die ihm gar nicht gehören. Er setzt die beiden mit dem Geld in einen Bus, der sie aus der Stadt bringen wird.

»Hast du mir irgendwas zu sagen, du mieser Scheißkerl?«

Diese 30 000 Dollar, den Wetteinsatz eines Drogendealers, verschenkt der Lieutenant nicht ungestraft: Am Schluss des Films hält ein Wagen neben seinem, man hört einen kurzen Zuruf und dann Schüsse. Passanten drängen sich um das Auto, die Kamera verharrt ungerührt und distanziert auf der anderen Straßenseite. Der Lieutenant stirbt einen einsamen, mitleidlosen Tod. Sein gewaltsames Ende erscheint wie eine Sühne für sein verpfuschtes Leben – verpfuscht, aber nicht rettungslos verloren. Dass auch er vergeben hat, bleibt: Gnade ist möglich.

Das Faszinierende an *Bad Lieutenant* ist, dass Abel Ferrara die Heillosigkeit des Menschen ebenso naturalistisch und krass schildert, wie er seine Erlösung ernst nimmt. Abel Ferrara zeigt eine Welt der Verzweiflung und Schmerzen, eine irdische Hölle, ein Schlachtfeld der Gier und Gewalt. In ihr sind Polizisten so oft mit den hässlichen Seiten des Menschen konfrontiert, dass sie selbst wie der »Bad Lieutenant« vom Bösen infiziert werden. Manches in diesem Film ist für den Zuschauer kaum auszuhalten. Aber nur wo die Verlorenheit des Menschen in aller Drastik sichtbar wird, erkennen wir auch unsere Erlösungsbedürftigkeit.

Bad Lieutenant ist ein Film voll quälender, düsterer Bilder. Doch diese Finsternis kann den Hoffnungsstrahl der Gnade nicht auslöschen. Denn Abel Ferrara lässt keinen Zweifel daran, dass Rettung nur in der Hinwendung zu Christus liegen kann. Beim Baseball hat der Lieutenant auf den vermeintlich sicheren Sieger gesetzt – doch die aussichtslos zurückliegende Mannschaft gewinnt völlig überraschend. Im letzten entscheidenden Moment kann die Gnade Gottes noch eingreifen, auch in ein völlig vermurkstes Leben, auch im Angesicht des Todes. Der »Bad Lieutenant« ist einer von denen, die auf Golgatha neben Jesus hingen – und der mit ihm ins Paradies gelangt.

Kurzwertung

Ein unerbittlicher Blick auf die Abgründe und Erlösungsbedürftigkeit des Menschen, aus denen nur Gnade und Vergebung retten können.

Themen

Gewalt, Sucht, Sünde, Vergebung, Gnade, Erlösung

Bad Lieutenant

Originaltitel	**Bad Lieutenant (USA 1992)**
Regie	**Abel Ferrara**
Darsteller	**Harvey Keitel (Lieutenant), Victor Argo (Polizist), Frankie Thorn (Nonne), Paul Hipp (Jesus), Zoe Lund (Zoe)**
Drehbuch	**Zoe Lund, Abel Ferrara**
Laufzeit	**96 Minuten**
Altersfreigabe	**ab 16**

Billy Elliot – I Will Dance

Schmutziges Geschirr im Spülbecken, auf dem Tisch die Reste eines kargen Frühstücks, am Herd ein elfjähriger Junge: Billy kocht Eier für seine Großmutter, die hinter einer Milchglastür im Nebenzimmer auf ihn wartet. Oder auch nicht. Dann ist die verwirrte alte Frau wieder im Nachthemd aus dem Haus gelaufen und findet nicht mehr zurück. Das sind die Tage, an denen Billy sie suchen muss, bevor er zur Schule geht. Danach trabt er in eine staubige Turnhalle, weil sein Vater will, dass er, wie alle richtigen Jungs, Boxen lernt.

Doch Billy tut sich unendlich schwer mit dem Sandsack und den uralten Boxhandschuhen seines Großvaters. Er tänzelt im Ring, er will sich nicht schlagen, er will sich nur bewegen. Eines Tages müssen die Boxer den Trainingsraum mit der Ballettklasse von Mrs. Wilkinson teilen – und Billy ist sofort fasziniert von den grazilen Bewegungen der jungen Ballerinen. Wenig später steht er auf einmal mit seiner Turnhose und den Boxstiefeln zwischen kichernden kleinen Mädchen, die in ihren duftigen Tutus von der resoluten, kettenrauchenden Tanzlehrerin an der Stange gedrillt werden.

Billy lebt in Durham, einem trostlosen nordenglischen Kohlerevier. Seine Mutter ist tot, der Vater und sein großer Bruder Tony, mit dem er das Zimmer teilt, sind Kumpel. Es ist 1984, und beide streiken seit Wochen gegen die geplante Stilllegung der Zechen. Das Geld ist knapp, und die 50 Pence, die das Boxtraining allwöchentlich kostet, fehlen in der Haushaltskasse. Als Billys Vater er-

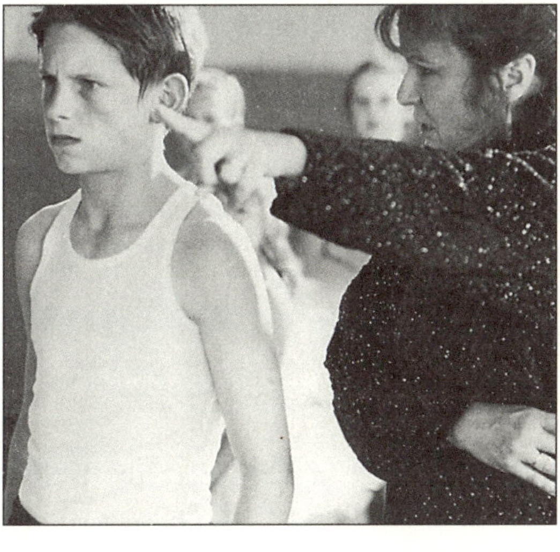

fährt, dass sein Sohn schon seit Wochen den Ballettunterricht von Mrs. Wilkinson besucht, erteilt er Billy Hausarrest. Denn wer tanzen will, anstatt zu boxen, muss schwul sein – und das ist eine Schande. Aber der Junge kann nicht aufhören (»Mein Dad bringt mich um, wenn er erfährt, dass ich hier bin«). Ballett wird zu seiner Leidenschaft, zu seinem großen Lebenstraum. Und Mrs. Wilkinson spornt ihn an: Sie erkennt Billys außergewöhnliche Begabung und erteilt ihm kostenlosen Einzelunterricht, damit er auf der renommierten *Royal Ballet School* in London vortanzen kann.

Kurzinhalt

Der elfjährige Billy aus Durham entdeckt seine Liebe zum Tanz, als sich Box- und Ballettgruppe die Turnhalle teilen müssen. Fortan nimmt er heimlich am Ballettunterricht von Mrs. Wilkinson teil. Als sein streikender Bergarbeiter-Vater davon erfährt, verbietet er ihm, weiterhin zu trainieren. Doch die Ballettlehrerin unterstützt Billy und bereitet ihn auf die Aufnahmeprüfung an der Royal Ballet School in London vor.

Das Milieu, in dem Billy aufwächst, ist rau. In den schmalen Häuschen der Arbeitersiedlung herrscht eine klaustrophobische Enge. Immer wieder läuft, springt und tanzt Billy voller Lebenslust durch die Straßen und Hinterhöfe der kleinen Stadt, aber überall stößt er auf Backstein- und Wellblechmauern, die seinem Bewegungsdrang Einhalt gebieten – Sinnbilder für die provinzielle Engstirnigkeit und die sozialen Schranken, die ihn hindern zu tun, wonach jede Faser seines Körpers verlangt. Es ist keine gute Zeit für Träumer. Der Streik der Bergarbeiter geht in seine entscheidende Phase, Streikbrecher werden von ihren Kollegen angefeindet und verfolgt, die Nerven liegen blank.

Kurzwertung

Berührend-optimistisches Pubertätsdrama.

Themen

Selbstfindung, Tanz, Vater-Sohn-Beziehung, Arbeitermilieu

Billys Vater ist ein durch materielle Not und die Trauer um seine Frau verhärteter und verhärmter Mann, der schließlich sogar das Klavier, das noch an sie erinnert, zu Kleinholz macht. Er trägt eine stille, unterdrückte Wut in sich, die auch vom langen aussichtslosen

Arbeitskampf herrührt, und hat keinen Blick für die Sehnsucht und das Talent seines Sohnes. Der soll ein Kämpfer werden wie er selbst, soll lernen, sich nichts gefallen zu lassen und sich durchzuboxen. Doch dann tanzt ihm sein Sprössling vor, tanzt all seine Leidenschaft aus sich heraus, um die Anerkennung und Unterstützung seines knorrigen Vaters zu gewinnen – und es gelingt. Der Vater versetzt schließlich den Schmuck seiner Frau und ist sogar bereit, als Streikbrecher wieder in die Kohlemine einzufahren, um das Fahrgeld für die Aufnahmeprüfung in der Hauptstadt zusammenzubekommen.

»Mum hätte mich gelassen.«

Billy Elliot ist ein Film über Armut und Individualität, Vorurteile und Befreiung, eine detailgenaue Milieustudie mit großen Gefühlen, aber ohne jeden Kitsch, hervorragend ausbalanciert zwischen sozialem Realismus, Bergarbeiter-Tristesse und trockenem Humor, ebenso erdverbunden wie märchenhaft. Mit seiner erfrischenden Hauptfigur ermutigt Stephen Daldry seine Zuschauer, zu entdecken, dass jeder von uns eine einzigartige, unverwechselbare Persönlichkeit ist. Jeder Einzelne trägt einen Schatz in sich. Darin besteht unsere große Lebensaufgabe: sich selbst zu erkennen, der eigenen Berufung zu folgen und zu entfalten, was in uns liegt – auch gegen Widerstände oder auf Umwegen. Billy will seinen Traum leben, weil Tanzen für ihn alles ist. Er verschafft sich mit den Füßen und nicht mit den Fäusten Respekt. Und weil er hartnäckig bleibt und um sein Glück kämpft, kann er seine Familie am Ende mit sich selbst beschenken.

Billy Elliot – I Will Dance

Originaltitel	Billy Elliot – I Will Dance (Großbritannien 2000)
Regie	Stephen Daldry
Darsteller	Jamie Bell (Billy Elliot), Gary Lewis (Dad), Jamie Draven (Tony), Julie Walters (Mrs. Wilkinson), Stuart Wells (Michael)
Drehbuch	Lee Hall
Laufzeit	110 Minuten
Altersfreigabe	ab 6

Das Glücksprinzip

Die Welt zu verändern, vor allem: zu verbessern – diesen Traum haben wir Erwachsene längst aufgegeben. Wenn Kinder darüber nachdenken, wie das Gute sich ausbreiten könnte, schmunzeln wir. Das Leben wird diese naiven Idealisten schon belehren, denn schmerzhafte Enttäuschungen sind vorprogrammiert.

Der elfjährige Trevor gehört zu den hoffnungslosen Weltverbesserern, die die Menschen glücklicher machen wollen: Angeregt durch seinen Sozialkundelehrer Eugene Simonet (Kevin Spacey), entwickelt er eine Idee, die das Gesicht dieser Erde tatsächlich verwandeln könnte: Wenn er drei Menschen bei etwas hilft, das sie alleine nicht zustande bringen, und diese drei dann jeweils drei weiteren helfen, die dann auch wieder... Mit diesem Schneeballsystem wäre es möglich, rechnet Trevor seiner erstaunten Klasse und dem ebenso verblüfften Lehrer vor.

In der Theorie kann dieses »Glücksprinzip« noch überzeugen – doch die Praxis lässt es ziemlich jämmerlich aussehen. Trevor will sich für drei Menschen einsetzen, in der Hoffnung, damit die errechnete Lawine loszutreten. Aber es gelingt ihm weder, einem Heroinabhängigen aus seinem Drogensumpf herauszuhelfen, noch seiner alkoholkranken Mutter einen Mann zu verschaffen. Und dann ist er auch noch zu feige, seinem Freund beizustehen, als der von Mitschülern verprügelt wird. Dennoch: Einmal in die Welt gesetzt, zieht seine Idee Kreise, pflanzt sich fort und kommt nicht mehr zum Stillstand …

»Ich muss es weitergeben!«

Das Glücksprinzip ist ein soziales Märchen, in dem es um nichts weniger als die Rettung der Welt geht. Die Erwachsenen haben alle längst resigniert – doch ein kleiner Junge macht sich unbeirrt ans Werk. Man könnte das als reichlich einfältig bezeichnen, ja diesem Film vielleicht sogar vorwerfen, er verharmlose das soziale Elend von Menschen, die sich am unteren Ende der Gesellschaft durchschlagen müssen. Aber es ist biblisches Gedankengut, aus dem er schöpft: Weiterzugeben (der Originaltitel des Films lautet *Pay It Forward*), was wir selbst an Liebe und Barmherzigkeit empfangen haben, ist eine der elementarsten christlichen Lebensregeln.

Kurzinhalt

Eine Schulklasse erhält von ihrem Lehrer die Aufgabe, sich zu überlegen, wie man die Welt verbessern kann. Der elfjährige Trevor errechnet, dass sich ein Schneeballeffekt erzielen ließe, wenn ein Einzelner jeweils drei anderen Menschen helfen würde. Während er versucht, seinen verschlossenen Lehrer mit seiner Mutter zusammenzubringen, macht seine Idee die Runde – mit verblüffenden Ergebnissen.

Manchmal schrammt *Das Glücksprinzip* hart am Kitsch vorbei. Dass Mimi Leders Film daran nicht zerschellt, liegt vor allem an seinen hervorragenden Schauspielern: allen voran Kevin Spacey als einsamer, von Brandnarben entstellter und innerlich verwundeter Pädagoge sowie Helen Hunt, Trevors allein erziehende Mutter, die in ihrem Entzug immer wieder strauchelt. Ihr Sohn wird am Schluss zur Erlöserfigur mit deutlichen Christus-Parallelen stilisiert: Als er seinen Freund retten will, kommt er um – der Opfertod eines Unschuldigen, der für das Gute kämpft. An dieser Stelle könnte Trevors Geschichte zu Ende sein. Doch mit seinem Tod beginnt sie erst richtig... In der letzten Szene, wenn alles vorüber ist und die Trostlosigkeit die Oberhand behalten hat, versammelt sich eine schweigende Menschenmenge vor einem Haus in Los Angeles, und dann fährt die Kamera hinauf über den Horizont: Ein nicht endender Zug von Fahrzeugen rollt heran, in denen Menschen sitzen, die alle angesteckt sind von Trevors Idee. Es ist ein Moment, wie ihn nur Hollywood schaffen kann.

Kurzwertung

Bewegendes Gefühlskino mit Tiefgang.

Themen

Leid, Hilfsbereitschaft, Hoffnung

Hat es Sinn, an das Gute im Menschen zu appellieren? Können wir die Welt verändern? Christen wissen, dass dazu mehr als eine Arithmetik des guten Willens gehört. Wenn ein Film aus Hollywood darüber nachdenkt, was diese Welt ein wenig heller machen würde, ist das aber nicht wenig. Sicherlich: Es wird nicht alles gut für Menschen, die sich in persönlichen Krisen oder sozialer Not befinden, wenn man ihnen freundlich begegnet. Aber das ist ein Argument der Engherzigen – um schließlich keinem zu helfen.

Das Glücksprinzip

Originaltitel	Pay It Forward (USA 2000)
Regie	Mimi Leder
Darsteller	Kevin Spacey (Eugene Simonet), Helen Hunt (Arlene McKinney), Haley Joel Osment (Trevor McKinney), Jay Mohr (Chris Chandler), James Caviezel (Jerry)
Drehbuch	Leslie Dixon
Laufzeit	123 Minuten
Altersfreigabe	ab 12

Das süße Jenseits

Sam Dent, eine weltabgeschiedene Kleinstadt in der kanadischen Provinz British Columbia, bergumstanden, mit langem, schneereichem Winter. Die schulpflichtigen Kinder werden von Dolores in ihrem unförmigen gelben Bus eingesammelt und über Land gekarrt, wie an jedem anderen Wochentag auch. Doch dann passiert das Unfassliche. Auf eisglatter Straße kommt der Bus ins Rutschen, schlittert die Böschung hinab und immer weiter hinaus über die verschneite Fläche eines zugefrorenen Sees.

Das Unglück scheint unendlich zu dauern, und die Kamera schaut aus großer Distanz zu, mit geradezu eisiger Ruhe. Der Regisseur zeigt uns keine Nahaufnahmen des Entsetzens, keine schreckensgeweiteten Kinderaugen, kein splitterndes Glas. Man könnte meinen, einer Übung, einem Spiel zuzusehen – wären da nicht die Schreie der Kinder, die man von ferne hört, als der Bus zum Stehen kommt. Er steht nur für einen kurzen Augenblick, der reicht, um Hoffnung zu schöpfen. Dann bricht das Eis, und der schwere Bus versinkt, das Heck voran. Dolores und die älteste Schülerin, Nicole, können gerettet werden. Alle anderen Kinder aus Sam Dent und Umgebung ertrinken. Es sind vierzehn.

Ein Anwalt, Mitchell Stephens (Ian Holm), findet seinen Weg nach Sam Dent. Die Kinder sind seit Wochen tot, die Erwachsenen wie gelähmt. Stephens will Schadensersatz erkämpfen – von den Behörden, vom Hersteller des Schulbusses, von irgendwem. Er macht sich an die trauernden Eltern heran, die seiner Logik nicht gewachsen sind: Irgendwer muss an dieser Katastrophe schuld sein und dafür bezahlen. Der Rechtsberater schürt Erwartungen, sät Unruhe und Zwietracht. Aber hinter seinem Engagement steckt mehr als bloße Gewinnsucht. In seiner Anfangssequenz erzählt der Film wie beiläufig, dass auch dieser Mann ein Vater ist, der ein Kind verloren hat: Seine Tochter ist drogensüchtig und an Aids erkrankt. Sie hält Stephens immer wieder zum Narren, um ihm Geld aus der Tasche zu ziehen. Es gibt in diesem Film keine Schurken – nur Verzweifelte. Stephens verarbeitet die eigene Wut, indem er anderen seinen Groll aufdrängt.

Kurzinhalt

Ein kleiner Ort in British Columbia ist traumatisiert durch den Tod von 14 Kindern, die bei einem Busunglück ihr Leben verloren haben. Ein aus der Stadt angereister Anwalt versucht das Leid der Eltern durch einen Musterprozess in bare Münze zu verwandeln, was durch die Falschaussage eines überlebenden Mädchens verhindert wird.

Atom Egoyan erzählt seine Geschichte nicht chronologisch, sondern ineinander verschachtelt, mit fortwährenden Zeitsprüngen: vor dem Unfall, kurz nach dem Unfall, Jahre nach dem Unfall. Der Zuschauer muss sich die Handlung mit ihren 30 unterschiedlichen Zeitebenen selbst zusammenbauen, bis die einzelnen Teile ein Bild ergeben – bei dem dennoch Leerstellen bleiben, Rätselhaftes, Unausgesprochenes, Unsagbares. Doch trotz seiner vielen Vor- und Rückblenden, der wilden Wechsel zwischen Vergangenheit, Gegenwart und Zukunft hat *Das süße Jenseits* nichts Verwirrendes, sondern erweist sich als ein raffiniert vielschichtiges Gewebe, über das man nur staunen kann.

So wird der Unfall selbst erst nach etwa einer Stunde gezeigt. Inzwischen kennen wir die Insassen des Busses, den kleinen Bear Otto, die halbwüchsige Nicole, den behinderten Sohn von Risa und

Wendell Walker, die beiden Mädchen von Billy Ansell. Wir haben ihre Eltern um sie weinen gesehen. Ihr Tod schockiert den Zuschauer nicht. Aber er berührt mit einer Gewalt, die im Kino selten ist. Das Unsägliche geschieht trotz allem ohne Vorwarnung, mechanisch, festgehalten in emotionslosen Luftbildern, von denen die Kamera immer wieder abschwenkt, als ginge sie das alles nichts an. Das ist kaum zu ertragen. Es ist ein Augenblick, der sich einbrennt.

Dieser wuchtige Film, der 1997 völlig zu Recht den Großen Preis der Jury in Cannes gewann, handelt nicht nur von Wut, Schmerz und Trauer beim Verlust eines Kindes, sondern auch davon, wie man mit diesem Leid leben kann, ohne es zu verdrängen. *Das süße Jenseits* zeigt in seinen knapp zwei Stunden nicht, wie es heilt. Das wäre vermessen. Atom Egoyan respektiert die Trauer, lässt ihre Schwere und den tiefen Riss im Herzen der Eltern spürbar werden. Es ist viel, wenn aus den Wunden irgendwann Narben werden. Aber sie werden ein Leben lang bleiben.

»Ich kann Ihrer Wut eine Richtung geben.«

Einzig Nicole, das gerettete, fortan aber an den Rollstuhl gefesselte Mädchen, erweist sich als immun gegen die Versprechungen des Anwalts. Durch eine Falschaussage stellt sie am Ende sicher, dass niemand Kapital aus ihrem Elend und dem Tod der vierzehn anderen Kinder schlägt – auch nicht die eigenen Eltern, und schon gar nicht der Anwalt: Nicoles Lüge, die der Fahrerin wegen zu hoher Geschwindigkeit des Busses die Schuld zuschiebt, bedeutet für Stephens ein Desaster, weil er die Kommune schadenspflichtig machen wollte. Dolores muss den Ort verlassen – und die Menschen in Sam

Kurzwertung

Eindringliches, psychologisch subtiles Drama mit komplexer Erzählstruktur über die Verarbeitung eines traumatischen Erlebnisses.

Themen

Verlust, Leid, Trauer

Dent haben jetzt die Chance, wieder zur Ruhe zu kommen, damit die Trauer ihre heilende Kraft entfalten kann.

	Das süße Jenseits
Originaltitel	The Sweet Hereafter (Kanada 1997)
Regie	Atom Egoyan
Darsteller	Ian Holm (Mitchell Stephens), Maury Chaykin (Wendell Walker), Gabrielle Rose (Dolores Driscoll), Peter Donaldson (Schwartz), Sarah Polley (Nicole Burnell)
Drehbuch	Atom Egoyan
Laufzeit	112 Minuten
Altersfreigabe	ab 12

Das Zimmer meines Sohnes

Ancona, eine mittelgroße Hafenstadt an der Adria: Giovanni (Nanni Moretti) und Paola (Laura Morante) führen mit ihren beiden heranwachsenden Kindern, der Tochter Irene und dem Sohn Andrea, ein sorgenfreies und harmonisches Familienleben. Man unterhält sich darüber, welche Sportart die schönsten Geräusche erzeugt; die Tochter macht mit ihrem Freund Latein-Hausaufgaben; bei einer Autofahrt singen alle zusammen. Giovanni ist von Beruf Psychoanalytiker und manchmal milde genervt von seinen Patienten, die mit ihren Neurosen eher schrullig als ernstlich krank wirken. Sein inneres Gleichgewicht findet er durch unermüdliches Joggen. Es ist ein heiteres, alltägliches Glück, in dem er sich eingerichtet hat.

Dann aber nimmt das Unheil – denkbar unspektakulär – seinen Lauf. An einem Sonntagmorgen wird Giovanni von einem Patienten zu sich gerufen, das gemeinsame Joggen mit dem Sohn fällt aus. Der fährt stattdessen mit seinen Freunden zum Tauchen – und kommt dabei um. Nanni Moretti schildert das ebenso lakonisch wie das Alltagsleben der Familie, mischt aber kurz zuvor Momente der Beunruhigung in die Bilder: Die Mutter wird auf einem Flohmarkt angerem-

pelt, die Tochter gerät auf ihrem Roller ins Schlingern, als Freunde sie necken, Giovanni kollidiert bei der Fahrt zu seinem Patienten beinahe mit einem LKW. Der Tauchunfall selbst wird nicht gezeigt.

Betont kunstlos wird erzählt, ohne zu dramatisieren, ohne den Zuschauer zu bedrängen oder gar zu überwältigen – und gerade deshalb wühlt dieser Film so auf. Von Anfang an ist der Kamerablick unaufdringlich und distanziert. Das ändert sich auch nicht, als das wohlgeordnete Leben der Familie durch den Tod des Sohnes immer stärker aus den Fugen gerät. Unaufgeregt, fast dokumentarisch nimmt dieser Blick am endgültigen Abschied von Andrea teil: Wenn der metallene Sarg, in dem er liegt, verschweißt und verschraubt wird, zwingt uns die Kamera, wie gelähmt zuzuschauen. Weil sich der Blick hier nicht abwendet, wirkt diese Sequenz in ihrer Sachlichkeit besonders unerbittlich und brutal. Das gilt genauso für die kurze Szene im Krankenhaus, als Giovanni schon den Sarg aussuchen muss, bevor ihm der Tod seines Sohnes überhaupt richtig bewusst geworden ist. Es sticht ins Herz.

Kurzinhalt

Der Psychiater Giovanni führt mit seiner Frau und zwei Kindern ein harmonisches Familienleben. Dann jedoch kommt sein Sohn Andrea bei einem Tauchgang ums Leben. Jeder in der Familie fühlt sich hilflos im Umgang mit dem Schmerz über diesen Verlust. Besonders Giovanni wird von Schuldgefühlen geplagt, weil er an dem Unglückstag zu einem seiner Patienten gefahren ist, statt mit seinem Sohn joggen zu gehen.

Ähnlich nüchtern beobachtet die Kamera an Vater, Mutter und Schwester die Phasen von Schock, Verzweiflung und Trauer. Moretti lässt keinen Zweifel daran, dass nach der Katastrophe eine Rückkehr zum Status quo nicht möglich ist. Die alltägliche Routine will sich nicht mehr einstellen. Die Trauer legt sich wie ein Bleimantel über den Rhythmus des Films. Auf einmal stimmt nichts mehr in dieser Familie. Der Schmerz wirft jeden unerbittlich auf sich selbst zurück, jeder trauert für sich allein, zieht sich in die eigene Leidenshöhle zurück. Hier kann keine Rede davon sein, dass Unglück zusammenschweißt – es entfremdet die Lebenden vielmehr und lässt sie zunehmend erstarren.

Die Mutter Paola liegt schluchzend im Bett, die Schwester Irene beginnt beim Basketballspiel eine Schlägerei, und Giovanni schließt seine psychiatrische Praxis, weil es ihm nicht mehr gelingt, sich auf die Leiden anderer Leute zu konzentrieren. Der Seelendoktor merkt, dass er in seiner Situation anderen so wenig helfen kann wie sich selbst. Der in allem Menschlichen so versierte, gebildete und erwachsene Mann weiß nicht, wie der Schmerz zu mildern wäre. Die Verzweiflung verengt seinen Blick und lässt ihn überall nur Zerbruch und Verfall sehen: »Alles ist angeschlagen, alles ist beschädigt in diesem Haus.«

Immer wieder erscheinen vor Giovannis innerem Auge Bilder, die ihn beim Joggen mit seinem Sohn zeigen: Es ist der Lauf an jenem fatalen Sonntagmorgen, der niemals stattfand – eine Endlosschleife seiner Selbstvorwürfe und des verzweifelten Wunsches, die Zeit zurückzudrehen. Zu schaffen macht Giovanni auch die Zufälligkeit des Unglücks: Da ist niemand, den man verantwortlich machen oder anklagen könnte für das, was geschehen ist, so sehr Giovanni auch nach Erklärungen und Ursachen sucht. Vor allem lässt sich kein Sinn in diesen Tod hineindeuten. Als auf Irenes Wunsch hin eine Messe für den Verstorbenen gelesen wird, empören Giovanni die Worte des Priesters geradezu: Er findet keinen Zugang zum Trost des Glaubens, kann ihn nicht annehmen.

»Ich könnte das ganze Leben lang weinen.«

Paola möchte ihrem Sohn so nahe wie möglich sein, indem sie mit Arianna, der Sommerliebe von Andrea, Kontakt aufzunehmen versucht. Und dann, als die Familie immer tiefer in Lethargie versinkt, steht die unbekannte Freundin eines Tages vor der Tür. In ihrer Gegenwart wird es möglich, über den Sohn zu reden, sich seiner zu erinnern – und damit auch von ihm zu verabschieden. Es sind Fotos von Andrea in seinem Zimmer, die dazu beitragen: anrührend, komisch, poetisch. Eine nächtliche Fahrt an die französische Grenze, zu der die Familie mit Arianna und ihrem Begleiter aufbricht, wirkt wie ein erster, zögerlicher Versuch, aus dem Bannkreis der Trauer herauszutreten. Im Morgengrauen, am Meer, lacht die Familie zum ersten Mal wieder gemeinsam.

Kurzwertung

Sensible Studie über eine Familie, die unter der Last ihrer Trauer zu zerbrechen droht.

Themen

Tod, Verlust, Trauer, Abschied, Vater-Sohn-Beziehung

Nanni Moretti erklärt nicht, warum der Tod von Andrea dem Rest der Familie unaussprechlichen Schmerz bereitet. Er setzt voraus, dass wir wissen, wovon er spricht. Sein leiser, kleiner großer Film ist eine bewegende Studie über das Trauma des Verlusts, die Trauer und den heilenden Trost der Erinnerung. Er entlässt den Zuschauer mit der Hoffnung, dass es über den Schmerz hinaus eine Zukunft gibt.

	Das Zimmer meines Sohnes
Originaltitel	La Stanza del Figlio (Italien 2001)
Regie	Nanni Moretti
Darsteller	Nanni Moretti (Giovanni), Laura Morante (Paola), Jasmine Trinca (Irene), Giuseppe Sanfelice (Andrea), Silvio Orlando (Oscar)
Drehbuch	Linda Ferri, Nanni Moretti, Heidrun Schleef
Laufzeit	99 Minuten
Altersfreigabe	ab 12

Die erste Injektion enthält ein Beruhigungsmittel. Die zweite sorgt dafür, dass die Lungen implodieren. Bei der dritten bleibt das Herz stehen. Zwei Techniker setzen per doppelten Knopfdruck die Apparatur in Gang, aber nur einer der Impulse aktiviert den Mechanismus. Wie von Geisterhand werden die Lösungen aus den Kolben in die Kanüle gedrückt, der Kandidat liegt still, festgeschnallt, mit geschlossenen Augen. Weil die erste Injektion die Muskulatur lähmt, bleibt der Todeskampf unsichtbar. Dann reißen plötzlich die Lider auf, das EKG piepst, auf dem Bildschirm erscheint die Nulllinie – die Exekution ist vollstreckt.

Matthew Poncelet (Sean Penn) sitzt seit sechs Jahren in seiner Todeszelle. Nun soll er binnen einer Woche hingerichtet werden – deswegen bittet er die katholische Nonne Helen Prejean (Susan Sarandon), ihn im Staatsgefängnis zu besuchen und ihm beizustehen. Schwester Helen, die als Sozialarbeiterin im Schwarzen-Ghetto von New Orleans arbeitet, bemüht sich um seine Begnadigung und hofft, dass die Strafe in lebenslange Haft umgewandelt wird. Helen Prejean gibt es wirklich. Sie hat Todeskandidaten in den Vereinigten Staaten

betreut und ein Buch über ihre Erfahrungen geschrieben, das Tim Robbins als Vorlage für seinen Film diente.

Tim Robbins macht es sich nicht leicht. Poncelet ist kein Justizopfer, für das man schnell Sympathie entwickeln könnte. Er wurde wegen Vergewaltigung und Mord an einem Teenager-Pärchen verurteilt und ist, mit den Worten des Regisseurs, ein echter Kotzbrocken: arrogant, zynisch, kalt, asozial, ein weißer Rassist. So einer verdient kein Mitleid und schon gar keine Gnade, ist die unwillkürliche Reaktion des Zuschauers. Und so empfinden es auch die Angehörigen der Opfer: Als Schwester Helen ihnen mitteilt, dass sie sich für Poncelet einsetzt, erntet sie Unverständnis und Ablehnung, Abscheu und Zorn. Sie können in ihm nur »ein Monster«, »Abschaum«, »ein Tier« sehen. Doch Schwester Helen will den Menschen in ihm finden, so entstellt, so tief verborgen er auch sein mag. Und es gelingt ihr.

Kurzinhalt

Seit sechs Jahren sitzt der Mörder Matthew Poncelet in der Todeszelle – nun soll er hingerichtet werden. Er bitte die Nonne Helen Prejean um seelsorgerlichen Beistand und um juristische Hilfe für ein Gnadengesuch. Sie unternimmt alles, um ihm zu helfen, auch als die Familien der Opfer sie anfeinden. Doch ihre Mühe ist vergeblich. Es bleibt ihr nur, den Verurteilten auf seinem letzten Gang zu begleiten.

In dramatischen Gesprächen mit Poncelet ringt sie darum, dass er die Verantwortung für seine Gräueltaten übernimmt – denn nur dann kann er auch Vergebung erleben. Während das am Anfang des Films aufgezogene Uhrwerk unerbittlich abläuft, bringt der wachsende Druck die äußere Fassade des scheinbar gefühllosen Mörders zunehmend zum Bröckeln. Denn Schwester Helen hat erfolglos um Berufung und Amnestie gekämpft: Auf Poncelet wartet unabwendbar die Giftspritze.

Ihr Schützling gewinnt sein menschliches Antlitz, seine Würde in dem Moment zurück, als er seine Schuld erkennt und mit gebrochener Stimme aufrichtig bereut – kurz vor der Exekution. Aber genau in diesem Augenblick beginnen auch die Schwarzweiß-Rückblenden auf das grausame Gemetzel an den beiden Jugendlichen. Als wir Matthew Poncelet endlich als Mensch wahrnehmen, sehen wir erstmals seine unmenschliche Tat. *Dead Man Walking* zeigt das Leid der Opfer und ihrer Familien und lässt uns ihre Verzweiflung und Rachsucht verstehen. Tim Robbins respektiert ihren Schmerz über den erlittenen Verlust, der ihr Leben zerstört hat. Sie sind in ihrem Hass auf den Täter erstarrt. Und doch wird die Hinrichtung dieses Mannes ihnen nicht wirklich helfen, ihnen nicht die Genugtuung und den Frieden bringen, die sie erhoffen.

»Toter Mann kommt«, ruft der Wärter, als Poncelet aus seiner Zelle tritt und in den Exekutionsraum geführt wird. Dann kann der Gefangene sich nicht mehr auf den Beinen halten, und Schwester Helen kniet sich zu ihm: »Ich möchte, dass du als Allerletztes auf dieser Welt der Liebe ins Gesicht siehst. Also sieh mich an, wenn die das tun. Sieh zu mir hin.« Ihre Stärke, ihr Mitleiden, ihre Glaubenshoffnung und ihre Liebe helfen ihm, wieder aufzustehen und weiterzugehen. »Christus ist hier«, sagt sie. Schwester Helen hat Recht.

»Danke, dass Sie mich lieben.«

Der bewegliche Metalltisch, auf dem der Delinquent festgeschnallt ist, wird aufgerichtet. Mit seinen letzten Worten bittet Poncelet die Eltern seiner Opfer um Verzeihung. In dem vermeintlichen Monster wird eine Person sichtbar, die sich zu ihrem Verbrechen stellt. Die Armlehnen des Tisches sind seitlich abgewinkelt, sodass die Bahre ein Kreuz bildet: *Ecce homo* – Seht, welch ein Mensch! Es ist ein aufwühlendes Bild, das niemanden gleichgültig lassen kann: Der Zuschauer empfindet die Trauer der Eltern, die Todesangst des Mörders und die Güte von Schwester Helen. Rache und Vergebung, Vergeltung und Reue, Hass und Nächstenliebe kommen ihm so nah, dass es ihm schier die Brust zerreißt.

Dieser große, unbedingt sehenswerte Film führt mit kühler Akribie und unerbittlich konkret vor, welch unbarmherzige Arbeit es ist, einen Menschen durch die Todesspritze umzubringen. Aber vor allem erzählt er in bewegenden Dialogen von zwei Kämpfen: Matthew Poncelet ringt darum, die eigene Schuld anzuerkennen und Verge-

Kurzwertung

Ein aufregendes und zugleich unpathetisches Meisterwerk, das einfache Antworten vermeidet und den Zuschauer lange nicht loslässt.

Themen

Todesstrafe, Schuld, Verlust, Vergebung, Nächstenliebe

bung zu finden, und Earl Delacroix, Vater des ermordeten Jungen und ein gläubiger Katholik, ihm seine Untat zu verzeihen. »Ich fühle sehr viel Hass«, sagt er zu Schwester Helen. »Ich habe nun mal nicht Ihren Glauben.« Doch in der letzten Szene sitzen sie gemeinsam in einer kleinen Kirche und beten miteinander: dass er diesen harten Kampf besteht, um endlich Frieden zu finden und wieder leben zu können.

Dead Man Walking – Sein letzter Gang

Originaltitel	Dead Man Walking (USA 1995)
Regie	Tim Robbins
Darsteller	Susan Sarandon (Schwester Helen Prejean), Sean Penn (Matthew Poncelet), Robert Prosky (Hilton Barber), Raymond J. Barry (Earl Delacroix), R. Lee Ermey (Clyde Percy)
Drehbuch	Tim Robbins
Laufzeit	120 Minuten
Altersfreigabe	ab 12

Der Club der toten Dichter

Tradition, Ehre, Disziplin und Leistung: Das sind die Leitbegriffe, mit denen die Schüler des Welton-College in Neuengland auf ihre zukünftige Rolle als gesellschaftliche Führungsschicht vorbereitet werden. An dem Elite-Internat herrscht 1959 ein Klima von verknöcherter Zucht und autoritärer Härte, das Eltern und Schüler akzeptieren, um den Erfolg der Ausbildung nicht zu gefährden. Gehorsam und Fleiß sind die bestimmenden Werte, die für Kreativität und eigenständiges Denken keinen Raum lassen. Ein Dialog ist nicht vorgesehen: Die Schüler aus reichem Haus kauen unreflektiert nach, was ihnen von der Lehrerschaft vorgesetzt wird.

Doch dann tritt John Keating (Robin Williams) seine Stelle als neuer Englischlehrer an – und bringt mit unorthodoxen Lehrmethoden die traditionsreichen Ordnungen der Schule gehörig durcheinander. Er schockiert seine Schüler in der ersten Unterrichtsstunde damit, dass er sie eine Seite aus dem Lehrbuch herausreißen lässt, die er für Mist hält. Ein anderes Mal versammelt er die Jungen vor

den Gruppenfotografien früherer Schülergenerationen. Er duckt sich hinter seine Schüler und flüstert eindringlich: »Carpe diem!« – als würden ihre verstorbenen Vorgänger sie mahnen, ihr Leben nicht ungenutzt verstreichen zu lassen, sondern das Beste daraus zu machen (»Macht euer Leben außergewöhnlich!«). Keating führt seine Klasse an die Poesie heran, lässt sie den Zauber und die Kraft der Lyrik entdecken: »Wir schreiben Gedichte nicht nur zum Spaß. Wir schreiben Gedichte, weil wir zur Spezies Mensch zählen, und die Spezies Mensch ist von Leidenschaft erfüllt.« Er weckt in den Jungen Abenteuerlust und den Sinn für Romantik. Aber vor allem zeigt er ihnen, wie wichtig es ist, den eigenen, persönlichen Weg zu finden und zu gehen (»Was wird euer Vers sein?«), intensiv zu leben und selbstständig zu denken.

Kurzinhalt

John Keating unterrichtet als neuer Englischlehrer an einem konservativ-strengen College in Neuengland. Seine anfangs verblüfften Schüler sind schnell fasziniert von dem außergewöhnlichen Pädagogen. Er begeistert die Jungen für Lyrik und ermutigt sie zu selbstständigem Denken. Bei seinen Kollegen stoßen Keatings unkonventionelle Lehrmethoden allerdings auf Ablehnung. Als einer der Schüler in der Auseinandersetzung mit seinem Vater Selbstmord begeht, muss Keating als Sündenbock herhalten.

Keatings Ausstrahlung begeistert die Schüler – und lässt sie Feuer fangen: Einige von ihnen beschließen, den geheimnisumwitterten »Club der toten Dichter« wiederzubeleben, dem Keating als ehemaliger Welton-Schüler selbst einmal angehörte. Sie treffen sich in einer abgelegenen Höhle, um sich gegenseitig Gedichte vorzulesen. Keatings Pädagogik ist Hebammenkunst, die verborgene Talente und die eigene Persönlichkeit ans Licht bringt. In den Jungen erwacht ein Geist, der sich das Träumen erlaubt, die eigenen Möglichkeiten ausloten und leben will. Statt trockener, vorgefertigter Lehrinhalte lernen die Schüler, »Ich« zu sagen und zu sein und sich selbst treu zu bleiben. Doch eine solche Haltung kann auch einen hohen Preis fordern. Neil Perry, einer von Keatings Schülern, entdeckt seine Liebe zum Theater. Sein Vater hat jedoch nur wenig Verständnis für Neils Neigungen, denn seinem Sohn sollen sich einmal all die

Chancen eröffnen, die ihm selbst in seiner Jugend verwehrt blieben. Als Neil aufbegehrt und an der Premiere einer Shakespeare-Inszenierung teilnimmt, kündigt der Vater an, ihn in eine Militärakademie zu stecken. Daraufhin nimmt sich der tief verzweifelte, zu keiner weiteren Auflehnung mehr fähige Junge das Leben.

Neils Vater verlangt von der Schulleitung eine Untersuchung – und die hat auch bald einen Schuldigen ausgemacht: Keating wird als Verführer seiner Schüler gesehen, der auch Neil geistig vergiftet hat. Alle aus der Klasse unterschreiben eine Erklärung, in der dem Lehrer die alleinige Verantwortung für Neils Suizid zugewiesen wird. Keating muss die Schule verlassen. Als er ein letztes Mal in seine Klasse zurückkehrt, in der bereits der Rektor den Unterricht übernommen hat, kommt es zu einer bewegenden, großartigen Demonstration der Solidarität mit dem entlassenen Mentor. Es ist eine Szene, die sich nicht vor Pathos scheut, und sicherlich einer der großen Momente des Kinos. Einer von Keatings Schülern überwindet seine Angst und ruft: »Man hat uns gezwungen!« Dann steigt er auf seinen Tisch – eine Geste, in der sich all seine Bewunderung, seine Verbundenheit, seine Dankbarkeit und Liebe zu diesem einzigartigen Lehrer ausdrücken. Und andere tun es ihm nach, wagen den Widerstand im Angesicht des Rektors. Der Funke, den Keating in seine Jungen gelegt hat, ist zu einem unauslöschlichen Feuer geworden.

»Mir boten sich zwei Wege dar; ich nahm den, der weniger betreten war.«

Kurzwertung

Flammendes Plädoyer für Individualität, Poesie und Leidenschaft.

Themen

Schule, Vorbild, Individualität, Zivilcourage

Keating hat diesen Schülern etwas gegeben, was ihnen nicht mehr genommen werden kann: ihre Individualität. In ihrem Herzen und ihrem Geist hat eine stille, aber unumkehrbare Revolution stattgefunden, die sie befähigt, sich ihre Werte eigenständig zu wählen und nicht einfach blind zu übernehmen, für ihre Ziele zu kämpfen und sich selbst nicht zu verleugnen. Die Jungen erkennen aber auch, dass diese innere Freiheit angefochten ist: Sie werden sie nur bewahren können, wenn sie bereit sind, auch gegen den Strom zu schwimmen, selbst wenn dadurch Karriere-Interessen Schaden nehmen. Aber genau daran wird sich entscheiden, ob sie zum Opportunisten werden – oder wirklich zum Mann herangereift sind.

	Der Club der toten Dichter
Originaltitel	Dead Poets Society (USA 1989)
Regie	Peter Weir
Darsteller	Robin Williams (John Keating), Robert Sean Leonard (Neil Perry), Ethan Hawke (Todd Anderson), Josh Charles (Knox Overstreet), Gale Hansen (Charlie Dalton)
Drehbuch	Tom Schulman
Laufzeit	128 Minuten
Altersfreigabe	ab 12

Der einzige Zeuge

Ein wogendes Kornfeld in einer sanft hügeligen Landschaft, es ist Erntezeit. Der Tag neigt sich, und am Horizont wird das Stroh eingeholt. Mähdrescher und Landmaschinen sind nicht beteiligt, die Männer und Frauen erledigen ihre Arbeit mit der Hand und dem Pferdewagen. Dann taucht wie aus dem Nichts ein schwarzes Fuhrwerk auf. Es fährt im Schritttempo und lässt sich offensichtlich durch nichts aus der Ruhe bringen – auch nicht durch den riesigen Truck und hinter ihm die anderen Autos, die sich notgedrungen seiner Geschwindigkeit anpassen müssen.

Wir sind in Pennsylvania, im Lancaster County, dem Land der »Amish-People«. Die Amish sind eine calvinistisch geprägte Glaubensgemeinschaft, die 1693 in der Schweiz gegründet wurde. In ihrer Heimat verfolgt, wanderten viele von ihnen im 18. und 19. Jahrhundert nach Amerika aus und gründeten im Mittelwesten eigene Gemeinden. Kennzeichen ihres gemeinsamen Lebens als Farmer sind Schlichtheit und eine radikal pazifistische Einstellung. Sie lehnen nicht nur den Militärdienst ab, sondern auch alle technischen Errungenschaften wie Telefon, Automobile oder Elektrizität. Die Amish leben nahezu völlig abgeschlossen von der modernen amerikanischen Zivilisation, zu der sie möglichst jeden Kontakt vermeiden, weil sie ihnen als verdorben und schlecht gilt.

Bei einer Reise nach Baltimore erfährt die junge Witwe Rachel (Kelly McGillis), dass diese Sicht ihre Gründe hat: Während eines kurzen Aufenthalts auf dem Bahnhof von Philadelphia wird ihr achtjähriger Sohn Samuel Zeuge eines brutalen Mordes. Bei dem Opfer handelt es sich um einen Polizisten. Detective John Book (Harrison Ford) soll den Mord an seinem Kollegen aufklären. Doch weil die Amish mit der »bösen Welt« eigentlich nichts zu tun haben wollen, verweigert Rachel zunächst ihre Unterstützung. Dann findet Book jedoch heraus, dass korrupte Polizeioffiziere der Drogenabteilung den Mord begangen haben. Er deckt ein Komplott auf, das bis in die höchsten Polizeikreise hineinreicht – und damit wird es für alle Mitwissenden lebensgefährlich. Bei einer Schießerei mit einem seiner Verfolger verletzt, flüchtet sich Book mit Rachel und Samuel ins Amish-Land, um dort unterzutauchen.

Kurzinhalt

Der achtjährige Amish-Junge Samuel beobachtet den brutalen Mord an einem Polizisten. Detective John Book erhält den Auftrag, den Fall zu lösen und Samuel und seine Mutter Rachel zu beschützen. Er entdeckt, dass hochrangige Polizeibeamte in den Mord verwickelt sind. Nachdem Book nur knapp einem Attentat entgangen ist, flieht er mit den Kronzeugen in die Amish-Gemeinde. Doch selbst hier sind sie vor den Killern nicht sicher …

Zögernd nur findet der abgebrühte Großstadtcop Zugang zu dieser für ihn so fremdartigen Gemeinschaft. Damit kommt der Film zu seinem eigentlichen Thema: dem Zusammenprall zweier Kulturen, die unterschiedlicher nicht sein könnten. Peter Weir hat mit *Der einzige Zeuge* keinen konventionellen Krimi inszeniert – auch wenn es an knisternder Spannung und einem gehörigen Schuss Action wahrlich nicht fehlt. In der Mitte des Films wird das Thriller-Genre verlassen, um zwei völlig konträre Lebensauffassungen gegenüberzustellen. Dabei spielt Peter Weir nicht die eine gegen die andere Kultur aus. Geradezu sehnsuchtsvoll zeigt sein Film, in welchem Einklang

Kurzwertung

Packender Thriller, der gleichzeitig sehr einfühlsam das Leben der Amish-People schildert.

Themen

Minderheiten, Gewaltlosigkeit, unerfüllte Liebe

die Amish mit der Natur und sich selbst leben, wie friedlich und solidarisch ihr Zusammenleben verläuft. Aber er verschweigt auch nicht, dass diese friedfertige Harmonie ihren Preis hat: hermetische Abgeschlossenheit und sehr strenge Moralvorstellungen.

Book versucht sich dieser Lebenswelt anzupassen – und scheitert dabei, wenn er zum Beispiel den Amish, die durch jugendliche Städter in Bedrängnis geraten, auf seine ruppige Art zu Hilfe kommt. Es ist ihm völlig unverständlich, wie jemand klaglos auch die andere Wange hinhalten kann, wenn er geschlagen wurde. Er und Rachel fühlen sich zueinander hingezogen – aber es ist eine Liebe ohne Happy End. In einer wundervollen Szene repariert Book eines Nachts mit Rachels Hilfe die Batterie seines Autos. Plötzlich erklingt aus dem Autoradio der Song *Wonderful World*. Book nimmt Rachel in den Arm und tanzt mit ihr dazu in einer Gelöstheit, von der sich die schöne Amish-Witwe mitreißen lässt. Doch es geschieht nichts zwischen den beiden, außer dass sie sich mit Blicken verzehren. Book weiß: Wenn er die Grenze überschreitet, muss er bleiben oder Rachel in seine Welt mitnehmen.

»Es gibt niemals nur einen Weg.«

Am Ende, nach dem packenden Showdown, kehrt der Polizist in die Stadt zurück, Rachel bleibt bei ihren Leuten, beide unglücklich. Es gibt für sie keine gemeinsame Zukunft, weil die Lebensformen, die ihre Charaktere geprägt haben, sich nicht vereinen lassen. Tragisch, dass sie einander lieben; unmöglich, dass sie zusammenbleiben könnten.

	Der einzige Zeuge
Originaltitel	**Witness (USA 1985)**
Regie	**Peter Weir**
Darsteller	**Harrison Ford (John Book), Danny Glover (McFee), Alexander Godunov (Daniel), Lukas Haas (Samuel), Kelly McGillis (Rachel Lapp)**
Drehbuch	**William Kelley, Earl W. Wallace**
Laufzeit	**112 Minuten**
Altersfreigabe	**ab 12**

Der Elefantenmensch

London 1881. John Merrick (John Hurt) wird von dem geldgierigen Schausteller Bytes von Jahrmarkt zu Jahrmarkt gezerrt, wo er den extrem missgebildeten jungen Mann seinem viktorianischen Publikum als nie gesehene Attraktion präsentiert (»Er ist das größte Monster der Welt«). Eine ungewöhnliche Krankheit – multiple Neurofibromatose – hat den 21-Jährigen durch Wucherungen am ganzen Körper so schrecklich entstellt, dass er einem menschlichen Wesen kaum mehr ähnelt: Sein rechter Arm hängt wie eine unbrauchbare Flosse herab, die Wirbelsäule ist verkrümmt, der Rücken von Geschwüren übersät, die Haut faltig wie die eines Elefanten, das Gesicht scheußlich verzerrt, sein riesiger Kopf deformiert. Weil er im Liegen ersticken würde, muss er im Sitzen schlafen.

Merrick wird mit sensationslüsterner Abscheu begafft wie ein ekliges Tier. Als der Arzt und Anatom Frederick Treves (Anthony

Hopkins) von dieser Abnormitäten-Schau erfährt, ist sein wissenschaftliches Interesse geweckt. Er bringt den entsetzlich Verunstalteten kurzerhand in dem Krankenhaus unter, in dem er tätig ist. Dr. Treves hält ihn zunächst für »schwachsinnig« – doch bei seinen Untersuchungen entdeckt er schon bald, dass Merrick über einen wachen, lernbereiten Geist verfügt. In einer bewegenden Szene antwortet Merrick auf die Fragen des Chefarztes Carr Gomm mit Sätzen, die Dr. Treves ihm zuvor mühsam beigebracht hat. Der Klinik-Direktor durchschaut, dass die Äußerungen des Patienten einstudiert sind – aber als die beiden Mediziner die Dachkammer verlassen, hören sie durch die Tür Worte, die Merrick eigentlich gar nicht kennen kann: Er zitiert Psalm 23. »Der Elefantenmensch« kann lesen und kennt die Bibel sehr gut. In seinem Furcht erregenden Körper verbirgt sich eine sensible, tief verletzte menschliche Seele. Nach all den Demütigungen, Misshandlungen und Qualen, die Merrick zugefügt worden sind, ist er völlig überwältigt von der Zuwendung und Freundlichkeit, mit der man ihm plötzlich begegnet.

»Ich bin kein Tier – ich bin ein menschliches Wesen!«

Es ist die große Kunst David Lynchs, im Lauf der Geschichte hinter dem »abscheulichen Schandfleck der Natur«, wie Merrick einmal genannt wird, den Menschen sichtbar zu machen und »das Ungetüm« schließlich ganz verschwinden zu lassen. Mehr noch: Die eigentlichen Monster in diesem Film sind vielmehr die vermeintlichen Menschen, wie etwa Merricks »Besitzer« Bytes oder der Nachtwächter Renshaw. Und auch Merricks Wohltäter Dr. Treves stellt später seine Motivation selbstkritisch in Frage und räumt ein, seinen Patienten benutzt zu haben, um mit diesem spektakulären Fall als Mediziner ins Lampenlicht zu rücken und seine berufliche Karriere voranzutreiben. Ebenso wie Bytes führt er Merrick als außergewöhnliche Sehenswürdigkeit vor – und zwar seinen Kollegen, die den Gepeinigten genauso neugierig und entsetzt anstarren wie das einfache Volk auf dem Rummelplatz.

Aber Merrick erfährt auch echtes, tief empfundenes Mitgefühl, Respekt und Zuneigung, als ihn die berühmte Schauspielerin Madge Kendal (Anne Bancroft) aufsucht und ihm ihre Freundschaft anbietet. Danach wird er vor allem für die gehobenen Londoner Kreise zu einem gesellschaftlichen Ereignis. Doch trotz der ungleich besseren Behandlung, die Merrick nun erfährt, bleibt er eine Aufsehen erregende Kuriosität, löst bei seinen Besuchern nach wie vor Staunen und Schrecken aus, auch wenn man ihn nicht mehr so offen beglotzt wie früher. Dennoch fühlt sich Merrick in die menschliche Gemeinschaft aufgenommen. Seine abgrundtiefe Einsamkeit hat ein Ende. Ihm widerfährt, wonach wir uns alle sehnen: »Mein Leben ist erfüllt, weil ich weiß, dass ich geliebt werde.« Als er zum ersten Mal an einer Theateraufführung teilnehmen kann, ist sein Glück vollkommen. Kein Zweifel, dieser Abend bildet den Höhepunkt seines Lebens. Merrick entscheidet sich, in dieser Nacht wie alle anderen Menschen liegend zu schlafen – und zu sterben.

Kurzinhalt

Durch eine schreckliche Krankheit sind Kopf und Körper von John Merrick völlig entstellt. Im viktorianischen England wird er auf den Jahrmärkten als »Elefantenmensch« vorgeführt. Der Arzt Frederick Treves nimmt den Verunstalteten bei sich auf – und entdeckt hinter seinem grässlichen Äußeren eine empfindsame Persönlichkeit.

John Merrick hat es wirklich gegeben. David Lynch hält sich weitgehend an die historischen Fakten. Dabei ist ein ungemein taktvoller Schwarzweißfilm entstanden, der auf jede billige Effekthascherei verzichtet, geprägt von der Ehrfurcht vor dem Wunder, das der Mensch immer bleibt, und vor seiner Würde. Er erzählt die berührende Geschichte eines außergewöhnlichen Menschen, der 21 Jahre lang in einem grässlichen Körper eingesperrt war, zum Monstrum erklärt – und sich doch in seinem In-

Kurzwertung

Einfühlsames Schwarzweiß-Kunstwerk über die Leiden und das späte Glück eines Ausgestoßenen.

Themen

Sensationslust, Diskriminierung, Menschenwürde, Mitmenschlichkeit

nersten die Unschuld eines Kindes und die Sanftmut eines Heiligen bewahrt hat. *Der Elefantenmensch* ist eine großartige Liebeserklärung an den Menschen, wie entstellt, verstümmelt, missraten er auch sein mag, innerlich oder äußerlich. In einer der letzten Einstellungen nimmt die Kamera das Kreuz auf dem Modell einer Kathedrale ins Bild, an dem Merrick immer wieder gebastelt hatte: Dieser Mann hat wahrlich gelitten – aber sein Leben und Sterben sind umfangen von der Gnade.

	Der Elefantenmensch
Originaltitel	The Elephant Man (USA/Großbritannien 1980)
Regie	David Lynch
Darsteller	Anthony Hopkins (Dr. Frederick Treves), John Hurt (John Merrick), Anne Bancroft (Madge Kendal), John Gielgud (Carr Gomm), Freddie Jones (Bytes)
Drehbuch	Christopher DeVore, Eric Bergren, David Lynch
Laufzeit	123 Minuten
Altersfreigabe	ab 12

Der Herr der Ringe – Die Gefährten

Dreizehn Jahre lang schrieb der Sprachwissenschaftler J. R. R. Tolkien (1892 – 1973) an jenem dreibändigen Roman, der insgesamt schließlich rund 1200 Seiten umfasste und sich als einer der größten literarischen Erfolge des 20. Jahrhunderts erweisen sollte. Die zwischen 1954 und 1955 erschienene Trilogie *Der Herr der Ringe* entwirft ein ganz eigenes Universum, in dem der Mensch nicht Herr der Schöpfung ist, sondern nur ein weiteres Wesen zwischen Zwergen, Trollen, Elben und Halblingen, zwischen den Mächten des Waldes, des Windes, des Wassers und der Erde. Diese Welt heißt Mittelerde – ein völlig in sich geschlossener Kosmos mit Chroniken, Stammbäumen, Landkarten und eigenen Sprachen.

Mittelerde ist in Aufruhr. Im finsteren Mordor versucht der tot geglaubte Tyrann Sauron, seine Macht wiederzuerlangen. Der Schlüssel dazu ist ein goldener Ring, der an Saurons Finger alle Lebewesen unterjochen würde (»Ein Ring, sie zu knechten, sie alle zu finden, ins Dunkel zu treiben und ewig zu binden, im Lande Mordor, wo die Schatten drohen«). Ausgerechnet der junge, schüchterne Hobbit Frodo Beutlin (Elijah Wood) befindet sich im Besitz des Schmuck-

stücks. Der Zauberer Gandalf drängt ihn, seine liebliche Heimat Auenland zu verlassen, denn neun schwarze Reiter sind unterwegs, um den Ringträger zu töten und das Werkzeug des Bösen heimzuholen. Im einstigen Elbenparadies Bruchtal bildet sich eine Schicksalsgemeinschaft aus den Hobbits Frodo, Sam, Merry und Pippin, dem Zwerg Gimli, dem Elben Legolas, den Menschen Aragorn und Boromir und dem Zauberer Gandalf: Sie beschließen, den Ring zu vernichten. Doch das ist nur dort möglich, wo er geschmiedet wurde – mitten im Feindesland. Eine lange und äußerst riskante Reise liegt vor den neun Gefährten, und der einzige Schutz auf diesem Himmelfahrtskommando sind ihre Gemeinschaft und der opferbereite Einsatz füreinander.

Doch nicht nur zahlreiche äußere Gefahren drohen. Es ist der Ring selbst, der einen geradezu zerstörerischen Einfluss auf alle ausübt, die ihm zu nahe kommen. Er korrumpiert selbst den Edelmütigsten und vergiftet seine Seele, macht ihn zu einem von Gier zerfressenen Geschöpf, dessen einziger Wunsch darin besteht, den Ring zu besitzen. Saurons Ring wird damit zu einem Symbol von geradezu biblischer Wucht: für die dämonische Versuchung, der jeder von uns ausgesetzt ist. Er steht für die permanente Verführbarkeit des Menschen und die Faszination des Bösen. In der eindrücklichsten Szene dieses bildgewaltigen Dreistundenfilms erblickt Frodos Onkel Bilbo noch einmal den Ring am Hals seines Neffen – und wird dabei erneut von seiner Gier übermannt: Sein Gesicht verzerrt sich zu einer grausigen Fratze, als er mit einem grässlichen Fauchen nach dem geliebten Kleinod greift. Das ist erschreckender als all die monströsen Kreaturen, gegen die sich die Gefährten zur Wehr setzen müssen. Der gefährlichste Feind sitzt im eigenen Herzen. Selbst die sanfte Königin Galadriel verwandelt sich in ein schauriges Wesen, als Frodo ihr den Ring anbietet, und auch Boromir wird von seinem Sog mitgerissen.

»Er ist zu mir gekommen – mein Eigen, mein Liebes, mein Eigen, mein Schatz!«

Keiner kann der Macht des Bösen widerstehen – es sei denn, er stellt sich und seinen Weg selbstlos einem größeren Ziel in den Dienst.

Der Herr der Ringe ist vor allem ein überwältigendes visuelles Ereignis, das sensationelle Spezialeffekte und reichlich Action bietet. Die alptraumartigen, wie Kampfhunde röchelnden Truppen des Bösen brennen sich ebenso ins Gedächtnis wie die apokalyptischen schwarzen Reiter und ihre schrillen Schreie – Gänsehaut ist garantiert. Grandios sind auch die gegensätzlichen Filmlandschaften geraten, die Peter Jackson entwirft: Dem paradiesisch-friedlichen Auenland der Hobbits steht das finstere Schattenreich des dunklen Herrschers Sauron gegenüber. *Der Herr der Ringe* schwelgt in wahrhaft berauschenden Landschaftsaufnahmen, teils von betörender Schönheit und sinnlicher Farbenpracht, teils von verstörender Düsternis und Kargheit. Schon der fulminante Auftakt des Films, der ein gewaltiges Schlachtengemälde aus grauer Vorzeit zeigt (»Geschichte wurde Legende, Legende wurde Mythos«), beeindruckt durch seine Unheil verkündende dunkle Farbgebung. Einige Kampfszenen sind wahrlich nicht für zart besaitete und schon gar nicht für zu junge Zuschauer geeignet. Trotzdem enthält das Epos auch viel versponnenen, liebenswerten Humor und manchen romantischen Tupfer. Vor allem aber feiert es, wie es sich für ein Heldenlied gehört, Freundschaft und Loyalität im Angesicht übermächtiger Feinde.

Kurzinhalt

Der junge Hobbit Frodo Beutlin erbt »den einen Ring«, mit dem der böse Herrscher Sauron Mittelerde beherrschen und ihre Völker versklaven könnte. Um das zu verhindern, muss der Ring dort vernichtet werden, wo er geschmiedet wurde. Frodo macht sich mit acht Gefährten auf den Weg, um ihn in Mordor in die Tiefen eines Vulkans zu werfen und seine Macht zu zerstören. Doch diese Reise bedeutet, tief in Feindesgebiet einzudringen.

Der erste Teil der Trilogie bricht – ganz wie der Roman – abrupt ab. Der zweite Teil *(Die zwei Türme)*, der 2002 in die Kinos kam, konnte das Niveau von *Die Gefährten* nicht halten und erwies sich als »Brückenfilm«, als Bindeglied zum Abschluss der Trilogie. Weil *Die Rückkehr des Königs* erst Ende 2003 zu sehen war, konnte der letzte Teil in diesem Buch leider nicht mehr berücksichtigt werden. Tolkiens gewaltiger Fantasy-Roman ist letzten Endes nur dann zu verstehen, wenn man berücksichtigt, wie sehr der Autor im christlichen Glauben verwurzelt war. Wer darum weiß, wird in *Der Herr der Ringe* auf Schritt und Tritt biblische Motive und Bezüge finden. Das gilt besonders für die grundsätzliche Thematik vom Kampf zwischen Gut und Böse und die Lösung am Ende: Das Kommen des richtigen Königs als Garant für Frieden und Wohlergehen verweist deutlich auf die Messiaserwartung des Alten Testaments.

Kurzwertung

Mitreißendes Fantasy-Abenteuerkino, das den archaischen Kampf zwischen Gut und Böse und die Verführbarkeit des Menschen inszeniert.

Themen

Gut und Böse, Versuchung, Freundschaft, Opferbereitschaft

Der Herr der Ringe – Die Gefährten

Originaltitel	The Lord of the Rings – The Fellowship of the Ring (USA 2001)
Regie	Peter Jackson
Darsteller	Elijah Wood (Frodo Beutlin), Ian McKellen (Gandalf), Viggo Mortensen (Aragorn), Sean Astin (Samweis Gamdschie), Ian Holm (Bilbo Beutlin)
Drehbuch	Peter Jackson, Fran Walsh, Philippa Boyens
Laufzeit	178 Minuten
Altersfreigabe	ab 12

Der Prinz von Ägypten

Bis heute gilt Cecil B. DeMilles bombastisches Leinwandspektakel *Die Zehn Gebote* als Höhepunkt des biblischen Monumentalfilms. Die aufwändige Nacherzählung des 2. Buches Mose mit Charlton Heston in der Hauptrolle war 1957 das herausragende Filmereignis. An Beliebtheit wurde *Die Zehn Gebote* damals nur von dem zwei Jahre später entstandenen *Ben Hur* überboten – ebenfalls mit Charlton Heston als Hauptdarsteller. 40 Jahre später wagte sich Hollywood erneut an eine Adaption des biblischen Stoffes. Diesmal jedoch sollte eine Zeichentrickversion die Zuschauer begeistern – mit Erfolg, denn entstanden ist ein äußerst ambitionierter Animationsfilm, der sich weitgehend an die Vorlage hält und mit neuartigen Computereffekten sowie Oscar-prämierten Gesangseinlagen aufwartet.

Die Geschichte selbst ist bekannt und im Alten Testament nachzulesen: Eine verzweifelte Mutter setzt ihren kleinen Sohn in einem Bastkorb auf dem Nil aus, um ihn vor den Häschern des Pharaos zu retten. Die Frau des Pharaos findet das Kind, nennt es Moses und

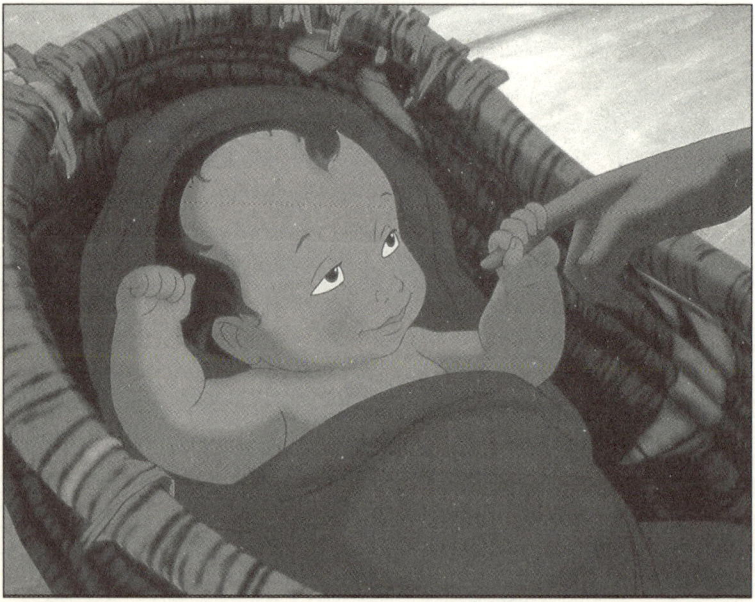

zieht es gleichberechtigt neben ihrem Sohn Ramses auf. Jahre später entdeckt der arglose Moses eines Tages, dass er gar nicht zur Herrscherfamilie gehört, sondern zum geknechteten Volk der Israeliten. Als er einen ägyptischen Aufseher tötet, flieht er in die Wüste. Dort begegnet er dem Gott seines Volkes in einem brennenden Dornbusch – und erhält den Auftrag, die Israeliten aus der Sklaverei zu befreien. Moses kehrt nach Ägypten zurück und wird nun zum Gegner seines mittlerweile als Pharao regierenden Bruders Ramses …

Visuell hat *Der Prinz von Ägypten* Erstaunliches zu bieten: Imposant und detailreich bis in den Hintergrund ersteht das Reich der Pharaonen vor den Augen des Zuschauers. Die geradezu plastisch wirkenden dreidimensionalen Computerbilder wecken das Gefühl, selbst vor den Pyramiden zu stehen. Neben den Prachtbauten im Tal der Könige beeindrucken vor allem großartige Wüstenlandschaften (die an David Leans Meisterwerk *Lawrence von Arabien* erinnern) und gewaltige Massenszenen wie am Ende bei der Durchquerung des Roten Meeres – sicher der mitreißende Höhepunkt des Films. Insgesamt ist der optische Stil des alten Ägypten ganz offensichtlich von den Holzstichen des französischen Grafikers Gustave Doré beeinflusst, dessen Bibel-Illustrationen im 19. Jahrhundert äußerst beliebt und weit verbreitet waren. Vier Jahre hat es insgesamt gedauert, diesen Zeichentrickfilm herzustellen, und angesichts der zeichnerischen Leistungen ist es sicherlich erlaubt, eher von einem Kunstwerk als von einem üblichen Trickfilm zu sprechen.

»In meinem Herzen bist du mein Bruder – aber es kann nie mehr so sein wie früher.«

Obwohl ab sechs Jahren freigegeben, wäre es falsch, den *Prinz von Ägypten* als »Kinderfilm« zu bezeichnen. Denn er scheut sich nicht, Gewalt und Unterdrückung zu zeigen. Die meisterhafte Eingangssequenz führt vor Augen, wie die Monumentalbauten der Pharaonen wirklich entstanden sind: Hunderttausende von Sklaven wurden dafür geschunden. Und in einer atemberaubenden Alptraum-

Szene bewegen sich die zweidimensionalen Hieroglyphen plötzlich an den Wänden entlang, um Moses von einem Massenmord zu erzählen: Der Pharao, der ihn wie einen Sohn aufnahm und großzog, hat damals alle neugeborenen Knaben der Hebräer töten lassen, damit »sie nicht noch mehr werden« (2. Mose 1,10) – diese beklemmende Sequenz steht *Schindlers Liste* allemal näher als *Schneewittchen*.

Zu Beginn des Films wird darauf hingewiesen, dass alle »künstlerisch bedingten« Änderungen »mit tiefem Respekt vor den Gläubigen und den Religionen der Welt« vorgenommen wurden. Das kann man uneingeschränkt bestätigen. Nicht nur der biblische Handlungsverlauf bleibt in seinen wichtigsten Zügen gewahrt, sondern vor allem auch die biblische Botschaft von der Treue und Macht Gottes und von seiner Ehrfurcht gebietenden Majestät. Zu diesem Zweck wurde das Drehbuch mit zahlreichen Theologen, Rabbinern und Glaubensexperten des Islam abgestimmt. Wichtigste dramaturgische Änderung ist sicherlich, dass man den verstockt-hartherzigen Pharao aus dem 2. Buch Mose in den jungen König Ramses verwandelt hat. Ramses ist hin- und hergerissen zwischen seiner Bruderliebe zu Moses und der vom Vater übernommenen Herrscherrolle – und wird damit zur tragischen Gestalt in dieser packend erzählten Geschichte. Nach einem grandiosen Finale bleibt er allein zurück, ein geschlagener Heerführer und der einzige Überlebende. Verzweifelt ruft er nach seinem Bruder – doch der folgt auch jetzt seiner Berufung und zieht mit dem Volk Israel weiter: Richtung Kanaan.

Kurzinhalt

Erzählt wird eine der spannendsten Geschichten des Alten Testaments: die Befreiung der Israeliten aus der ägyptischen Sklaverei. Moses wächst als Prinz zusammen mit seinem geliebten Bruder Ramses am Hof des Pharao auf. Als er jedoch seine wahre Herkunft erkennt und durch Gottes Auftrag zum Anführer der Hebräer wird, stehen sich die beiden als Gegner gegenüber …

Kurzwertung

Das 2. Buch Mose in einer brillanten Zeichentrickversion.

Themen

Altes Testament, Israel, Sklaverei, Brüder

Der Prinz von Ägypten

Originaltitel	The Prince of Egypt (USA 1998)
Regie	Brenda Chapman, Steve Hickner, Simon Wells
Sprecher	Tobias Meister (Dialog Moses), Hendrik Bruch (Gesang Moses), Hartwig Rudolz (Dialog + Gesang Ramses), Anja Kling (Dialog Miriam), Jasna Ivir (Gesang Miriam)
Drehbuch	Kelly Asbury, Lorna Cook
Laufzeit	99 Minuten
Altersfreigabe	ab 6

Der Schein-Heilige

»Miracles and Wonders« versprechen die Aufschriften auf den Trucks von Reverend Jonas Nightengale (Steve Martin). Nightengale ist Evangelist, ein Wanderprediger, der mit einem riesigen Tross – eigenem Gospelchor, beeindruckendem Zelt und viel Hilfspersonal – durch den amerikanischen Mittelwesten zieht. Seine Mission ist eiskalt durchkalkuliert: 3500 Dollar muss er täglich einnehmen, sonst rechnet sich der Aufwand nicht. Der Reverend verkauft seinen Zuhörern Hoffnung, und sie bezahlen ihn dafür – Religion als Tauschgeschäft im Geist des Kapitalismus. Er bietet den Zeltbesuchern eine imposante Bühnenshow, mit viel Musik, Ekstase und eben jenen »Miracles and Wonders«, nach denen sich die herumgereichten Pappbottiche schnell mit Dollarscheinen füllen. Und allein darum geht es bei diesen Evangelisationen.

Als die Truppe in Rustwater, Kansas, wegen eines Motorschadens vier Tage Rast einlegen muss, will Nightengale aus der verlorenen Zeit Kapital schlagen: Er lässt auch hier sein gigantisches, kathedralenartiges Zelt aufbauen und lädt die Bewohner der Kleinstadt zu seinen »Erweckungsversammlungen« ein. Das kleine Nest, von der Sonne ausgedörrt, wartet auf den erlösenden Regen, der in dem von Arbeitslo-

sigkeit und Armut geplagten Landstrich die Maisernte retten soll. Der charismatische Gottesmann hat es nicht schwer, die gebeutelten Seelen von Rustwater mit seinen fulminanten Auftritten zu erquicken.

Richard Pearce ist eine beißende Satire auf die Evangelisationsmaschinerie moderner Erweckungsprediger gelungen. Alles ist bis ins Detail durchgeplant – und abgekartet: Nightengales Mitarbeiter recherchieren tagsüber die körperlichen und seelischen Nöte der Dorfbewohner, belauschen die Leute, die in das Zelt strömen, oder horchen sie aus und geben ihre Informationen an die Regie hinter der Bühne weiter. Von dort werden mittels Video-Bildschirmen die »Visionen«, »Prophetien« und »Heilungen« des entfesselten Redners gesteuert. Jeder Abend läuft wie eine alle Sinne überwältigende Rockshow ab, mit modernster Computer- und Lichttechnik perfekt inszeniert. Nichts bleibt dem Zufall überlassen.

»Kommt heute Abend ins Zelt – Wunder über Wunder!«

Nightengale erzeugt eine regelrechte Massenhysterie – und zieht dabei den Leuten mit seinem falschen Zauber das Geld aus den Taschen, weil er äußerst geschickt auf der Klaviatur religiöser Gefühle und Hoffnungen zu spielen versteht. Wer von dem Gottesmann eine »Salbung« empfängt, fällt um oder bricht in ekstatischen Lobpreis aus. Und wenn alte Damen sich aus ihren Rollstühlen erheben und zu tanzen beginnen, ist kein Halten mehr: »Noch ein Wunder, noch ein Wunder, noch ein Wunder...!«, skandiert die Menge begeistert.

Kurzinhalt

Der Wanderprediger Jonas Nightengale ist ein abgefeimter Gauner. Er verkündet in der Kleinstadt Rustwater das Wort des Herrn, blendet die gottesfürchtigen Bürger mit ausgeklügelten Tricks und knöpft ihnen dabei ihr Geld ab. Es kommt zu einer für ihn sehr einträglichen Massenhysterie. Als jedoch eine echte Wunderheilung geschieht, gibt er seine Betrügereien auf.

Seinen Gegenspieler findet der geschäftstüchtige Reverend in Sheriff Will (Liam Neeson), der es nicht erträgt, dass mit den Sorgen und Leiden seiner Leute Schindluder getrieben wird. Doch Nightengale macht aus jeder Niederlage scheinbar spielend einen noch größeren Sieg. Nachts malt er heimlich auf das riesige Zelt-Kruzifix mitleidvoll geöffnete Jesus-Augen und versetzt durch dieses weitere »Wunder« seine Anhänger erneut in Verzückung.

Doch dann wird wirklich jemand geheilt. Das bringt den frommen Scharlatan aus der Fassung: Zum ersten Mal begegnet er der Wirklichkeit Gottes. Der Schluss des Films erzählt nichts weniger als die Bekehrungsgeschichte des Jonas Nightengale: Ein gehbehinderter Junge braucht keine Krücken mehr, und deswegen macht sich der Reverend nachts auf und davon. Nachdem er in einen Truck gestiegen ist, der ihn nach Kalifornien mitnimmt, geschieht ein weiteres Wunder...

Der Schein-Heilige ist sehr witzig, aber kein greller Klamauk. Mit Blasphemie hat dieser Film nichts zu tun. Sich seinen satirischen Frontalangriffen auszusetzen, ist nicht nur sehr vergnüglich, sondern kann auch heilsam sein: Er bewahrt vielleicht davor, Heilung und Glaube voneinander abhängig machen zu wollen und manchen frommen Manipulationen auf den Leim zu gehen. Ach ja, Zeit für eine Romanze hat diese freche Komödie auch noch, für wundervolle Schmetterlinge und für umwerfende Gospelsongs von den »Angels of Mercy«. Wer so singt, dessen Lieder können nicht nur geheuchelt sein.

Kurzwertung

Witzsprühende Satire auf amerikanische Evangelisationsmethoden.

Themen

Frömmigkeit, Heuchelei, Wunder, Evangelisation

Der Schein-Heilige

Originaltitel	Leap of Faith (USA 1992)
Regie	Richard Pearce
Darsteller	Steve Martin (Jonas Nightengale), Debra Winger (Jane), Lolita Davidovich (Marva), Liam Neeson (Will), Lukas Haas (Boyd)
Drehbuch	Janus Cercone
Laufzeit	108 Minuten
Altersfreigabe	ab 6

Der schmale Grat

Dieser Film war ein Fremdling im Kino, und er wird es immer bleiben. Seine elegische, faszinierende Wirkung entfaltet er eigentlich nur auf der großen Leinwand (was für die meisten herausragenden Filme gilt). *Der schmale Grat* ist eine fast drei Stunden währende Meditation über den Krieg – bildgewaltig, poetisch und von ergreifender Tiefe. Ihr Grundton bleibt trotz vieler grausiger Szenen, ohrenbetäubendem Schlachtenlärm und blutigem Kampfgetümmel die ganze Zeit hindurch ruhig und kontemplativ. Mit seinen philosophischen Betrachtungen aus dem Off und geradezu lyrisch anmutenden Naturschilderungen verzaubert dieser Film inmitten des Kriegsschreckens an vielen Stellen durch betörende Schönheit.

Der schmale Grat basiert auf dem Weltkriegsroman *Insel der Verdammten* von James Jones aus dem Jahr 1962: Eine US-Kompanie landet 1942 auf der Pazifikinsel Guadalcanal, die von Japanern besetzt ist. Auf Befehl von Colonel Gordon Tall, einem vom Ehrgeiz

zerfressenen Offizier, sollen die Soldaten einen Hügel erstürmen, obwohl der Angriff unweigerlich viele eigene Opfer kosten muss und kostet. Welchen strategischen Sinn die Aktion hat, bleibt für die Männer wie den Zuschauer weitgehend im Dunkeln. Diese Soldaten riskieren ihr Leben und ihren Verstand für ein völlig unbestimmtes Ziel. Wie in vielen anderen Kriegsfilmen zeigen sie sich immer wieder tapfer, selbstlos und opferbereit – nur fehlt ihren Taten das glorreiche Ziel, das ihnen erst einen Sinn verleiht.

Kurzinhalt

Im Herbst 1942 landen Soldaten einer amerikanischen Infanterie-Einheit auf der Pazifikinsel Guadalcanal, östlich von Neu-Guinea. Sie sollen einen japanischen Stützpunkt erobern, den »Hügel 210«. Dabei werden die Männer von dem ehrgeizigen Colonel Tallin Kampfeinsätze geschickt, die hohe eigene Verluste einkalkulieren. Es folgen monatelange blutige Gefechte, die mit einem Sieg der US-Truppen enden, ohne dass dessen Bedeutung erkennbar wird.

Desorientierung herrscht von Anfang an: Wenn die Kompanie zum Marsch in den Dschungel aufbricht, dann weiß keiner, was ihn erwartet, wo er sich befindet, was an der nächsten Wegbiegung passieren wird. Mit großem Realismus und sehr packend schildert Terrence Malick vor allem die Angst der Infanteristen vor und in der Schlacht. Sie ist in beinahe jeder Szene präsent, weil alle wissen, dass es jeden jederzeit erwischen kann. Und so ist es auch: Massenhaft kommen die Männer im feindlichen Feuer um. Wir sehen die Panik in ihren Gesichtern, den heranflutenden Nervenzusammenbruch; wir spüren, wie sich ihr Herz zusammenkrampft, wenn sie die Schreie der Verletzten, Verstümmelten und Sterbenden hören, wie der Krieg ihre Seele vergiftet.

Kurzwertung

Meditatives Meisterwerk über die Schrecken des Krieges, den Sinn des Lebens und die ewige Größe der Natur.

Themen

Krieg, Vergänglichkeit, Lebenssinn, Natur

Der Vergleich mit Steven Spielbergs *Der Soldat James Ryan* drängt sich auf, der ebenfalls 1998 in die Kinos kam. Beide Filme schonen den Zuschauer nicht, wenn sie das Gesicht des Krieges zeigen, was vor allem heißt: dass die Soldaten nicht heroisch »fallen«, sondern wahllos draufgehen und oft regelrecht krepieren, weil Hilfe nicht möglich ist. Und doch ist *Der schmale Grat* verstörender, weil seine Bilder keinerlei Moral enthalten, auf keinen Sinn verweisen.

Stattdessen sind immer wieder Aufnahmen einer paradiesisch schönen Natur zu sehen, die von dem Gemetzel, das in ihr stattfindet, völlig unberührt bleibt. Gleichgültig sieht sie darüber hinweg, dass die Menschen sich gegenseitig abschlachten. Die Blutspur, die sie hinterlassen, ist nur eine dünne rote Linie (so der Originaltitel des Films), über die die Natur unbeirrt ihr Gras wachsen lassen wird. Sinnbild dafür ist die Begegnung der vorrückenden Soldaten mit einem Eingeborenen, der teilnahmslos an ihnen vorbeiläuft, ohne auch nur einen Augenblick innezuhalten. »Wir sind Dreck. Wir sind nur Dreck«, sagt einer der Infanteristen in einer Kampfpause. Ein Satz von biblischer Wucht – wie Gras wird der Mensch ausgerissen und verschwindet, nichts bleibt von ihm. Der Krieg lehrt die Menschen, wie zerbrechlich und bedeutungslos ihr Leben ist. Das mag keine neue Einsicht sein, aber es ist eine der wenigen Wahrheiten, die uns wirklich ändern können.

> *»Die einzigen Dinge, die von Dauer sind, sind der Tod und der Herrgott. Das ist alles.«*

Der schmale Grat ist ein großes Klagelied über die Vergänglichkeit des Menschen, eine wehmütige Besinnung über seine Stellung im Kosmos, durchweht vom Atem östlicher Philosophie und getragen von den überwältigenden Klangkompositionen des Oscar-Preisträgers Hans Zimmer. Mitten im Dschungel fragt ein Soldat aus dem Off ebenso staunend wie demütig: »Wer bist du, der du dich in diesen vielfältigen Formen zeigst?« Es ist nicht ganz klar, an wen sich seine Stimme wendet: an die Natur mit ihrer überbordenden Fülle, mit ihrem ewigen Kreislauf von Werden und Vergehen? Oder ist Gott gemeint, der sie in ihrer Majestät und Schönheit geschaffen hat? »Deinem Tod entgeht keiner«, hat dieser Soldat erlebt. »Dennoch bist du die Quelle, aus der alles Leben entsteht.«

	Der schmale Grat
Originaltitel	The Thin Red Line (USA 1998)
Regie	Terrence Malick
Darsteller	Sean Penn (Sergeant Edward Welsh), Jim Caviezel (Soldat Witt), John Cusack (Captain Jon Gaff), Nick Nolte (Colonel Gordon Tall), Elias Koteas (Captain Staros)
Drehbuch	Terrence Malick
Laufzeit	170 Minuten
Altersfreigabe	ab 16

Die fabelhafte Welt der Amélie

Um es gleich vorweg zu sagen: Dieser Film ist unwiderstehlich. Von Beginn an verblüfft er mit einem Stakkato an witzig-kuriosen Einfällen, die den Zuschauer fortan nicht mehr aus dem Staunen herauskommen lassen. Aber es sind nicht nur die furiose Erzählweise, der visuelle Reichtum und die grenzenlose Verspieltheit, die den Zuschauer begeistern. Im Verlauf von zwei Stunden erlebt er das Gleiche wie die Filmfiguren: Amélie macht glücklich. Denn in Jean-Pierre Jeunets Film schlägt, wie ein Kritiker schrieb, »ein Herz, so groß wie das eines Pottwals«.

Amélie ist eine schüchterne junge Frau, die als Kellnerin in einem Café in Montmartre arbeitet. Eifersüchtige Liebhaber, gescheiterte Genies, tragisch verunglückte Artisten und sehnsuchtskranke Hypochonder bevölkern dieses skurrile kleine Universum. Sie alle tragen schwer an ihrem Schicksal, während die bezaubernde Amélie mit einem spitzbübischen Lächeln kleine silberne Tabletts an die Tische trägt und ihnen stets ihr weites Herz serviert. Ausgelöst durch einen

der zahllosen Zufälle in diesem Film, beschließt sie am Todestag Prinzessin Dianas, die Menschen um sich herum glücklich zu machen und als gute Fee in ihr Leben einzugreifen. Denn da gibt es einiges zu tun: Amélies Vater verlässt seit dem Tod seiner Frau kaum noch das Haus, das Liebesleben ihrer Kolleginnen und Gäste im Café will angekurbelt werden, und Lucien, der Gehilfe des Gemüsehändlers, wird von seinem Boss auch nicht gerade so behandelt, wie er es verdient hätte.

Kurzinhalt

Amélie Poulain ist eine schüchterne junge Frau, die im Pariser Stadtteil Montmartre lebt und dort in einem Café als Bedienung arbeitet. Eine Schachtel mit alten Spielsachen inspiriert sie dazu, den Menschen um sich herum Gutes zu tun und sie glücklich zu machen. Dabei verliebt sie sich in Nino, der misslungene und weggeworfene Passbilder sammelt.

Amélie scheint genau zu wissen, was sie tun muss: Sie schickt einen Gartenzwerg auf Weltreise, zaubert jahrzehntelang verschollene Liebesbriefe herbei, versetzt erwachsene Männer in ihre Kindheit zurück, wird Schutz- und Racheengel in einer Person. So tatkräftig und einfallsreich sie sich für andere einsetzt, fehlt es in ihrem Privatleben doch an der gleichen Entschlussfreudigkeit. Da wäre nämlich noch Nino zu erwähnen, der in einem Porno-Shop und in einer Geisterbahn arbeitet – und weggeworfene Passfotos sammelt, um sie in Fotoalben einzukleben. Amélie mag Nino sehr und findet auch hier ziemlich originelle Wege, ihn auf sich aufmerksam zu machen. Doch das letzte Quäntchen Mut fehlt ihr im entscheidenden Moment dann doch immer wieder.

Kurzwertung

Dieses hinreißend poetische Großstadt-Märchen ist mit seinem überbordenden Bild- und Ideenfeuerwerk eine einzige Liebeserklärung an das Leben.

Themen

Glück, Selbstlosigkeit, Lebensfreude, Liebe

Dass auch Amélie ihr Glück findet, darf hier ruhig verraten werden – was zu einigen der behutsamsten, zärtlichsten und gerade deswegen auch schönsten Filmküssen der Kinogeschichte führt. Zuvor darf man als Zuschauer jedoch mit offenem Mund und noch weiter geöffneten Augen gebannt dieser zauberhaften, romantisch-versponnenen Geschichte folgen, um jedes noch so kleine Detail begierig in sich aufzusaugen. Jean-Pierre Jeunet wirft geradezu verschwenderisch mit seinen Schätzen um sich: Es gibt sprechende Tiere, bewegte Passfotos, röntgenhaft glühende Herzen, zerrieselnde Körper, manipulierte Fernsehbilder, jede Menge Zeitraffer und und und – dieser Film ist ein Fest für die Augen, ebenso poetisch wie komisch, surreal, bonbonbunt, rasant wie eine Karussellfahrt.

Von Anfang bis Ende geht es in *Die fabelhafte Welt der Amélie* um das Glück: Fällt es uns zu, oder muss man es schmieden? Einerseits bringt Jean-Pierre Jeunet die abenteuerlichsten Zufälle ins Spiel, damit das Gute zum Ziel kommt und sich zueinander fügt, was zusammen gehört. Ohne Frage: Immer wieder ist es das Unvorhersehbare, das den Menschen aus der Bahn wirft oder auf die Siegerstraße führt, ihn mit Schmerz überschüttet oder zum Glückskind macht. Es gehört so sehr zum Leben, dass man fest mit ihm rechnen kann – und bleibt doch unverfügbar.

»Du kennst sie doch schon immer. Du hast sie doch schon in deinen Träumen gesehen.«

Zum anderen lässt dieser Film keinen Zweifel daran, dass nur entschiedene Bereitschaft dem Menschen zum Glück verhilft. Die Gelegenheit wird kommen – aber wer sie nicht im richtigen Moment beherzt beim Schopf packt, an dem geht sie ungerührt vorüber. Wer dem Lockruf des Lebens nicht folgen will, wer nicht bereit ist, ein Wagnis einzugehen, der wird auch das Glück nicht entdecken, sondern: vertrocknen, weil seine Lebenszeit ungenutzt zerrinnt wie in einer Sanduhr. »Carpe diem«, pflücke den Tag, lautet der Appell von *Die fabelhafte Welt der Amélie.* Das Leben ist – trotz aller Vergänglichkeit, die dieser Film nicht verschweigt – ein Füllhorn der Freude, und wer nur die Augen öffnet, wird sehen, wie es sich gerade jetzt über ihn ergießt.

Vor allem zeigt uns Amélie, dass sich das Glück auf dieser Welt nicht von allein vermehrt. Dazu braucht es echtes Engagement, ein selbstloses Herz und offene Augen für die Menschen um uns her. »Die Welt besteht aus lauter Gelegenheiten zur Liebe«, hat Sören Kierkegaard gesagt. Denn ein nicht geringer Teil des Glücks besteht gerade darin, andere glücklich zu machen, seine Freude in der Freude des anderen zu finden.

Die fabelhafte Welt der Amélie

Originaltitel	Le Fabuleux Destin d'Amélie Poulain (Frankreich 2001)
Regie	Jean-Pierre Jeunet
Darsteller	Audrey Tautou (Amélie), Mathieu Kassovitz (Nino Quincampoix), Rufus (Raphael Poulain), Yolande Moreau (Madeleine Wallace), Artus De Penguern (Hipolito)
Drehbuch	Jean-Pierre Jeunet, Guillaume Laurant
Laufzeit	120 Minuten
Altersfreigabe	ab 6

Die Stunde des Siegers

Die schönste Einstellung dieses Films sehen wir gleich zweimal, am Anfang und am Ende: Untermalt vom Oscar-gekrönten Vangelis-Soundtrack, zeigt ein langer Schwenk eine Gruppe von Olympioniken, die in weißem Sportdress einen Strand entlangjoggen. Einige der Sportler, die für die Handlung von Bedeutung sind, bleiben etwas länger im Bild, und sowohl Mimik wie auch Laufstil lassen bereits ihre unterschiedlichen Charaktere erkennen.

Eric Liddell (Ian Charleson) und Harold Abrahams (Ben Cross) sind ein ungleiches Paar junger Athleten, die bei der Olympiade 1924 in Paris als Läufer für Großbritannien an den Start gehen. Der fromme Protestant Eric, ein Schotte, möchte als Missionar nach China ausreisen. Aber er weiß auch um seine sportliche Begabung und sieht in ihr Gottes Auftrag: »Gott hat mich schnell gemacht, und wenn ich laufe, dann spüre ich seine Freude daran. Es aufzugeben würde bedeuten, ihn verächtlich zu machen.« Er nutzt die Aufmerksamkeit, die ihm sein läuferisches Talent einbringt, um zu evangelisieren, indem er wie Paulus im 1. Korintherbrief (Kapitel 9, Vers 24) den Stadion-Wettkampf mit dem Glauben vergleicht. Für ihn steht fest, dass seine sportlichen Erfolge Gott ehren und seinem Wort mehr Gewicht verleihen können.

Harold ist ein tief ehrgeiziger Cambridge-Student (»Ich glaube an das Streben nach Höchstleistung, und darin trage ich die Zukunft in mir«) und als Jude immer wieder mit einem subtilen, aber für ihn deutlich spürbaren Antisemitismus konfrontiert. Er fühlt sich trotz seiner glänzenden Fähigkeiten in der englischen Gesellschaft als gedemütigter Außenseiter, als »Halb-Paria«: »Man führt mich zum Wasser, aber lässt mich nicht trinken.« Durch seine Siege auf der Aschenbahn will er diese Zurücksetzung kompensieren und sich die Anerkennung erkämpfen, die man ihm verweigert.

Kurzinhalt

Die beiden jungen Sportler Harold Abrahams und Eric Liddell – der eine Jude, der andere überzeugter Christ – nehmen 1924 als Sprinter für Großbritannien an den Olympischen Spielen in Paris teil. Weil er an einem Sonntag laufen müsste, verzichtet Liddell auf das Rennen und startet schließlich wochentags über 400 Meter, obwohl er für diese Strecke gar nicht trainiert hat.

Die Stunde des Siegers rekonstruiert die Vorgeschichte des olympischen Wettkampfs, für den die beiden Ausnahmeathleten – zwei authentische Sportler der 20er Jahre – mit großer Entschlossenheit trainieren. Beide sind 100-Meter-Läufer und schon einmal gegeneinander angetreten. Harold hat seine Niederlage in diesem früheren Rennen kaum verschmerzen können, zu sehr ist sein Selbstbewusstsein mit dem Sieg im Wettkampf verknüpft. Getrieben von seinem Erfolgswillen, nimmt er sich einen persönlichen Trainer (Ian Holm), um seine Lauftechnik zu verbessern. Er setzt alles daran, in Paris zu gewinnen.

Kurzwertung

Opulent ausgestatteter Sportlerfilm, der zeigt, dass Erfolg nicht alles ist.

Themen

Sport, Ehrgeiz, Glaube, Antisemitismus

Als die britische Mannschaft schließlich 1924 nach Frankreich übersetzt, erfährt Eric, dass die Vorläufe für das 100-Meter-Rennen an einem Sonntag stattfinden. Obwohl er der große Favorit ist, verzichtet er schweren Herzens auf die Teilnahme: »Wenn ich laufe, würde ich gegen Gottes Gebot verstoßen.« Auch der Prinz von Wales kann den gläubigen Sportler nicht dazu bewegen, gegen seine Überzeugung zu handeln – er will

König und Vaterland nicht über Gottes Gebot (»Der siebte Tag soll ein Ruhetag sein«) stellen: »Gott weiß, dass ich mein Vaterland liebe, aber ich kann dieses Opfer nicht bringen.« Erstaunt und durchaus bewundernd nimmt die Öffentlichkeit zur Kenntnis, dass Eric ein Mann mit Grundsätzen und religiösen Werten ist, die ihm wichtiger sind als persönlicher Erfolg und gesellschaftliches Ansehen.

Harold erringt die Goldmedaille im Sprint. Eric wiederum erhält die Möglichkeit, über 400 Meter anzutreten – für die er gar nicht trainiert hat. Kurz vor dem Start drückt ihm ein anderer Athlet einen Zettel mit einem Bibelvers in die Hand. Er stammt aus 1. Samuel 2,30: »Wer mich ehrt, den will ich auch ehren.« Eric hält diesen Zettel während des ganzen Rennens fest in seiner Faust umklammert – und gewinnt ebenfalls. (Ebenso unerwartet erhielt *Die Stunde des Siegers* 1981 den Oscar für den besten Film …)

»Laufe in Gottes Namen und lass die Welt staunend den Atem anhalten.«

»Gott hat mich schnell gemacht«: Eric will leben, was sein Schöpfer an Potenzial in ihn hineingelegt hat. Er erkennt seine Gabe als Geschenk Gottes und damit als persönliche Berufung. Laufen wird für ihn so zum beglückenden Gottesdienst. Deswegen wirkt die Glaubensgewissheit, die Eric ausstrahlt, auch sehr überzeugend und ansteckend. Seine Lebensfreude ist letztlich nicht davon abhängig, ob er einen Wettkampf gewinnt oder verliert – sie wurzelt darin, dass er sich von Gott geliebt und berufen weiß.

	Die Stunde des Siegers
Originaltitel	**Chariots of Fire (Großbritannien 1980)**
Regie	**Hugh Hudson**
Darsteller	**Ben Cross (Harold Abrahams), Ian Charleson (Eric Liddell), Cheryl Campbell (Jennie Liddell), Nigel Havers (Lord Andrew Lindsey), Ian Holm (Sam Mussabini)**
Drehbuch	**Colin Welland**
Laufzeit	**123 Minuten**
Altersfreigabe	**ab 12**

Dunkle Erleuchtung

»Tragödie in amerikanischer Pfingstgemeinde« lautete die Überschrift einer Pressemeldung, die am 14. Mai 2002 von der Nachrichtenagentur »idea« veröffentlicht wurde. Darin wird berichtet, dass die 38-jährige Deanna LaJune Laney, Gemeindemitglied der »Versammlung Gottes« in Tyler (Texas), zwei ihrer Kinder angeblich im Auftrag Gottes erschlagen habe; das dritte überlebte mit lebensgefährlichen Verletzungen: »Die Mutter hatte am 10. Mai selbst die Polizei angerufen und gemeldet, dass sie ihre drei Kinder umgebracht habe. Polizisten fanden die Leichen ihrer Söhne Joshua (8) und Luke (6) blutüberströmt im Garten und den 14 Monate alten Aaron mit einer Kopfwunde in seinem Kinderbett. Offensichtlich hatte die Frau mit Steinen auf ihre Kinder eingeschlagen. ›Ich musste es tun‹, sagte sie bei der Festnahme; Gott habe es ihr befohlen.«

In welche Finsternis sich der Glaube verirren kann, zeigt auch *Dunkle Erleuchtung*, der einen Fall von ähnlicher Tragik schildert: Sharon (Mimi Rogers) ist eine attraktive Telefonistin, die mit sexuellen Abenteuern der Eintönigkeit ihres Lebens zu entfliehen versucht. Zusammen mit ihrem Freund Vic sucht sie sich immer wieder »Gleich-

gesinnte«, die zum Partnertausch bereit sind. Doch ihre innere Leere kann Sharon mit diesen Exzessen nicht überwinden. Sie bleibt eine Frau, die verzweifelt nach Sinn und Halt sucht: »Die Tage vergehen wie im Flug, und nichts bleibt davon.«

Eines Tages stehen christliche Haus-zu-Haus-Missionare vor Sharons Wohnungstür und schenken ihr ein Neues Testament. Sie beginnt darin zu lesen, und eines Nachts entscheidet sie sich: »Ich fange noch mal ganz von vorne an. Ich hab' die Nase voll. Ich will meinem Leben einen neuen Sinn geben. Gott existiert, ich weiß es. Gott existiert, und ich suche, bis ich ihn finde.« Sharon weiß jetzt, was sie will: »Ich möchte erlöst werden.« Und sie entdeckt die »Perle im Acker«, von der ein Gleichnis aus dem Neuen Testament erzählt: Nach einem abgebrochenen Selbstmordversuch greift sie erneut zur Bibel, liest die ganze Nacht – und findet schließlich zu Jesus. Mit der Lebensfreude und dem missionarischen Eifer einer Frischbekehrten (»Ist Gott Ihnen schon begegnet?«) kehrt Sharon an ihren Arbeitsplatz zurück. Ihr Chef führt sie zu einer Glaubensgemeinschaft, in der ein schwarzer Junge als Prophet gilt und die erwartet, dass die Wiederkunft Jesu und das Jüngste Gericht nicht mehr lange ausstehen.

»Kennst du das Wort des Herrn? Es ist das größte Geschenk an die Menschheit.«

Sechs Jahre später: Sharons Leben ist völlig verwandelt. Sie hat geheiratet und ist eine fröhliche Frau geworden. Mit ihrer Tochter Mary und ihrem Mann Randy erlebt sie ein helles, christlich geprägtes Familienglück, erwartet aber wie die anderen in ihrer Gemeinde den nicht mehr fernen »Tag unserer Entrückung«. Denn der herangewachsene Prophet hat verkündet: »Das Ende kommt – noch in diesem Jahr.« Dann passiert etwas Entsetzliches: Randy wird von einem Amokläufer, den er entlassen hatte, erschossen. Den Schmerz über diesen Verlust kann Sharon nur verkraften, weil sie zusammen mit Mary darauf hofft, ihren Mann schon bald im Himmel wiederzusehen. Als sie sich durch eine Vision von Gott in die Wüste gerufen fühlt, erstarrt Sharons Glaube mehr und mehr zu einer fixen Idee: Gott wird sie und Mary dort zu sich holen – das ist ihre unbeirrbare Überzeugung, die allmählich in den Wahn abgleitet.

Kurzinhalt

Die Telefonistin Sharon betäubt ihre innere Leere mit Sex-Abenteuern – bis sie zu Jesus findet. Dann gerät sie in eine christliche Gemeinschaft, die stark von der Naherwartung der Wiederkunft Christi und seinem Gericht geprägt ist. Nach dem gewaltsamen Tod ihres Mannes entwickelt sie immer stärker religiöse Wahnvorstellungen, die in einer Tragödie enden.

Kurzwertung

Beklemmendes Porträt einer Frau, deren religiöser Irrglaube in eine Katastrophe mündet.

Themen

Bekehrung, Frömmigkeit, Sekte, religiöser Fanatismus

Mutter und Tochter warten in der Wüste tagelang auf den »Fahrstuhl in den Himmel« – doch nichts passiert. Schließlich ist die Sechsjährige so erschöpft und enttäuscht, dass sie sich nur noch den Tod wünscht: »Je früher wir sterben, desto früher können wir Daddy wieder sehen. Bitte, Mami, lass uns sterben, jetzt gleich.« Was dann geschieht, ist eine moderne Abrahamsgeschichte, ebenso bedrückend und düster wie das biblische Vorbild – aber die erlösende Engelstimme ist diesmal nicht zu hören, die Rettung bleibt aus, das Schweigen Gottes endet nicht, und dem Zuschauer will schier das Herz stillstehen. Sharon erschießt ihre Tochter – schafft es aber nicht, auch sich selbst umzubringen, weil Selbstmörder nicht in den Himmel kommen. Schließlich bricht sie zusammen. Mit Marys Tod stirbt auch Gott in ihr: »Er hat mich nicht gehindert, das Kind zu töten – wie kann er dann noch erwarten, dass ich ihn liebe und verehre?« Aber genau diese Liebe und nur diese Liebe öffnet die Tür zum Himmel, wie sich in den Schlussszenen zeigt.

Denn die deuten an, was passiert, wenn die biblischen Endzeit-Prophezeiungen sich als wahr erweisen. Doch weit bestürzender als diese visionären Bilder ist die Verzweiflung einer Mutter, die Gott nicht vergeben kann. Die Entrückung kommt – und Sharon will nicht dabei sein. Einen Gott, der sie nicht von dem Irrglauben befreit, ihre Tochter töten zu müssen, kann sie nur noch hassen. Damit ist sie ausgeschlossen von dem, wonach sie sich ein Leben lang gesehnt hat. Am Ende bleibt Sharon allein zurück, und Dunkelheit breitet sich über sie. Sprachlosigkeit und Wut empfindet auch der Zuschauer bei diesem Film, weil er sehen muss, in welche Abgründe ein verirrter, missbrauchter Glaube führen kann. *Dunkle Erleuchtung* ist wie Kafkas berühmter »Faustschlag auf den Schädel«: Er hilft Christen, sich neu bewusst zu machen, was sie glauben und worauf sie hoffen, ob Gott für sie eine Krücke, eine Droge ist – oder ein lebendiges, liebendes Gegenüber.

Dunkle Erleuchtung

Originaltitel	The Rapture (USA 1990)
Regie	Michael Tolkien
Darsteller	Mimi Rogers (Sharon), Patrick Bauchau (Vic), David Duchovny (Randy), Will Patton (Foster), Kimberly Cullum (Mary)
Drehbuch	Michael Tolkien
Laufzeit	96 Minuten
Altersfreigabe	ab 16

Family Man

Jack Campbell (Nicolas Cage) hat alles, wovon die meisten Männer nur träumen können: Er ist ein gewiefter Börsenprofi an der Wall Street, lebt als Junggeselle in einem coolen Penthouse hoch oben über New York, den Schrank voller Designeranzüge, fährt einen rasanten Sportwagen und verbringt seine Nächte mit einer blonden Luxus-Schönheit. Jack steht kurz davor, den ganz großen Deal abzuschließen, und ist damit am Gipfel seines Erfolges angekommen. Er kann sich wahrlich nicht beklagen – und er tut es auch nicht.

Doch dann gerät seine vergoldete Karriere-Welt aus den Fugen: Am Weihnachtsmorgen liegt er nicht nur in einem fremden Bett – Jack erwacht in einem ganz anderen Leben. Das besteht aus einem Einfamilienhaus irgendwo in New Jersey, zwei krakeelenden Kleinkindern zwischen den Kissen, einem Hund, der ihm früh morgens übers Gesicht leckt, und seiner Ehefrau Kate (Téa Leoni). Kate ist seine ehemalige College-Freundin, die er vor 13 Jahren verlassen hat, um in London die ersten Stufen der Erfolgsleiter zu besteigen.

Family Man ist eine an unsere Zeit angepasste Variante des unwiderstehlichen Weihnachtsklassikers *Ist das Leben nicht schön?*. Diesmal funktioniert die Geschichte allerdings genau andersherum: Jack hat sich gerade nicht wie James Stewart für seine Jugendliebe entschieden; er ist nach dem College aus seiner Kleinstadt entflohen und danach reich und berühmt geworden. Nun wird ihm vorgeführt, was er verpasst hat. Den Engel spielt diesmal ein schwarzer Obdachloser, mit dem Jack am Weihnachtsabend zusammentrifft. Als Jack freimütig bekennt: »Ich habe alles, was ich brauche«, schenkt er dem bornierten Börsenmakler einen Blick in ein alternatives Leben: Was wäre, wenn er auf die flehentlichen Bitten Kates gehört und auf seine Ambitionen verzichtet hätte?

Zunächst setzt der fassungslose Jack alles daran, diesem für ihn grausigen Szenario wieder zu entkommen – vergeblich. Seine frühere Existenz ist wie ausgelöscht, niemand kennt den Topmanager Jack Campbell. In seiner neuen Rolle agiert Jack vorerst ziemlich hilflos: Er kann keine Windeln wechseln, wird von seiner Tochter wegen seiner plötzlichen Unbeholfenheit für ein Alien gehalten (»Willkommen auf der Erde!«) und versagt beim Bowling mit seinen alten Kumpels. Statt eines Ferraris lenkt er jetzt einen Mini-Van und arbeitet ebenso freudlos wie unterfordert als Reifenverkäufer in der Firma seines Schwiegervaters. Ungläubig und widerwillig versucht der zwangsversetzte Finanzjongleur mit dem eng bemessenen Haushaltsbudget klarzukommen: Statt maßgeschneiderter Garderobe muss jetzt der Anzug von der Stange reichen. Aber es gibt kein Zurück.

»Bekomme ich eine Quittung oder sowas?«

Brett Ratner macht es sich nicht so einfach, Jacks Neustart als Eintritt in eine heile Welt bescheidener Behaglichkeit zu präsentieren. Der Durchschnitts-Jack ist kein idealisierter Gegenentwurf zum selbstgefälligen Wall-Street-Yuppie. Er hat zwar Verantwortung für eine Familie übernommen, zugleich aber seine Lebensträume verleugnet: Im Betrieb des Schwiegervaters verkauft er sich selbst unter

Wert und betäubt seine Frustration mit Whiskey. Und doch findet der Broker allmählich Gefallen an seinem Leben als Familienvater und Kleinverdiener – vor allem aber verliebt er sich neu in die patente Kate, die mit ihrer Frische, ihrem Witz und ihrer Wärme das gemeinsame Vorstadtheim zu einem lebendigen Zuhause und einem Ort der Geborgenheit werden lässt. Darüber hinaus hat sie inmitten des Alltagstrotts und nach zwei Geburten nichts von ihrem Sexappeal verloren …

Jacks Einstellung wandelt sich: Was er als Alptraum empfunden hat, erlebt er jetzt als Glück. Er erkennt, wie leer und kalt der alte Jack gewesen ist – und betrachtet sich jetzt trotz schmaler Brieftasche als reich, ohne die Begrenzungen dieses Lebens zu beschönigen (eine Bekehrung, wie sie auch *Und täglich grüßt das Murmeltier* mit Bill Murray zum Thema hat). Aber dann begegnet Jack erneut dem schwarzen Engel – und plumpst zurück in sein geschniegelt-steriles Single-Apartment, ohne Kind und Kegel. Doch das Geschenk Gottes, einen Einblick in eine andere Lebensmöglichkeit zu bekommen, wird für ihn zur Chance, zu entscheiden, wie sein Leben fortan verlaufen soll.

Family Man fragt nach den Prioritäten in unserem Leben – und danach, was wir brauchen, um glücklich zu sein. Seine Antwort: Beziehungen. Wir brauchen einander. Das können Freunde sein oder die Verlässlichkeit einer festen Partnerschaft wie der Ehe. Aber vor allem ermutigt *Family Man*, das Glück im Kleinen und Alltäglichen zu entdecken und zu genießen. Vielleicht ist das die wichtigste Voraussetzung, wenn das Leben gelingen soll.

Kurzinhalt

Jack Campbell ist ein erfolgreicher Börsenmakler, dessen bisherige Existenz über Nacht ausgelöscht wird: Am Weihnachtsmorgen wacht er in einem Leben auf, in dem er nicht seine Karriere vorangetrieben, sondern seine Jugendliebe Kate geheiratet hat.

Kurzwertung

Romantische Weihnachtskomödie, in der sich ein Börsenmakler entscheiden muss: Geld oder Liebe?

Themen

Familie, Karriere, Glück, Weihnachten

Family Man

Originaltitel	The Family Man (USA 2000)
Regie	Brett Ratner
Darsteller	Nicolas Cage (Jack Campbell), Téa Leoni (Kate Reynolds), Don Cheadle (Cash), Jeremy Piven (Arnie), Saul Rubinek (Alan Mintz)
Drehbuch	David Diamond, David Weissman
Laufzeit	124 Minuten
Altersfreigabe	ab 6

Feld der Träume

Zu spät, nie mehr, unwiederbringlich – immer wieder setzt uns das Leben diese Grenze. Zum Menschsein gehört das Endgültige des Vorbei, die Unwiederholbarkeit des Augenblicks. Und doch träumen wir manchmal davon nachzuholen, was wir versäumt, wiedergutzumachen, was wir zerbrochen, wiederzufinden, was wir verloren haben, noch einmal zu sehen, zu spüren, zu erleben, was wir so schmerzlich vermissen. Manchmal wünschen wir uns, noch einmal neu beginnen zu können. Wenn es einen Ort geben sollte, an dem so etwas möglich wäre, dann kann das nur der Himmel sein.

Mit 17 ist Ray (Kevin Costner) von zu Hause abgehauen – und nicht mehr zurückgekehrt, erst zur Beerdigung seines Vaters. Auf dem College lernt er Annie (Amy Madigan) kennen. Die beiden nehmen an Anti-Vietnam-Demos teil und träumen von Liebe, Frieden, Flower-Power. Dann heiraten sie und werden – Farmer in Iowa. Im Herzen Amerikas pflanzen sie Mais an und finden tatsächlich das kleine Glück im Grünen. Doch dann kommt der Tag, an dem sich alles ändert: Zwischen seinen hochgewachsenen Stauden hört Ray eine Stimme.

»Wenn du es baust, kommt er zurück.« Ray hat keinen Schimmer, was es mit diesem geheimnisvollen Geflüster auf sich hat. Ist es

Gottes Stimme? Und was soll dieser Satz bedeuten? Aber er hört ihn immer wieder, und schließlich hat Ray eine Vision: In der hellen Mittagssonne sieht er ein Baseballfeld, das inmitten seiner Maispflanzen aufleuchtet. Es ist eine Botschaft an Ray. Mehr noch: Es ist ein Auftrag, und Ray nimmt ihn an, ohne ihn auch nur ansatzweise zu verstehen. Wie Noah die Arche, so beginnt Ray ein Spielfeld zu bauen, und wie bei Noah reagieren Nachbarn, Freunde und Verwandte mit Unverständnis und Spott – sie halten ihn für einen gehörigen Spinner. Und nicht nur das: Ray bringt sich und seine Familie in große finanzielle Schwierigkeiten, weil ihm nun Ernteerträge fehlen. Er setzt seine Existenz als Farmer aufs Spiel, ein Getriebener, der einzig einer Stimme gehorcht, über die er nichts weiß und die ihn völlig im Unklaren lässt über Sinn und Ziel seiner Aufgabe. Es ist wie eine biblische Glaubensprüfung. Immerhin unterstützt Annie das verrückte Projekt.

»Die Bedeutung eines Augenblicks erkennen wir erst, wenn er vorbei ist.«

Nachdem das Spielfeld fertig ist, bleibt Ray nichts anderes übrig, als abzuwarten. Ein Jahr vergeht – und nichts passiert. Dann sagt seine Tochter Karen eines Abends zu ihm: »Da steht ein Mann auf deiner Wiese.« Es ist die Baseball-Legende Shoeless Joe Jackson, der 1919 mit sieben anderen Spielern der »Chicago White Sox« wegen eines Bestechungsskandals lebenslang gesperrt wurde. Shoeless Joe ist längst tot – doch jetzt steht er vor Ray und fragt ihn: »Ist das der Himmel?« »Nein«, antwortet Ray, »das ist Iowa.« Doch für das Baseball-Idol vergangener Zeiten ist es der Himmel, denn nun kann er wieder spielen. Hier in Iowa erfüllt sich sein größter Wunsch. Und schon bald sind auch die anderen sieben mit von der Partie. Allerdings können nur Ray und seine Familie die Sport-Geister sehen, sonst niemand.

Doch Rays Auftrag ist noch nicht ganz erledigt: Die mysteriöse Stimme meldet sich erneut mit einer Botschaft und schickt Ray auf eine Odyssee durch mehrere Bundesstaaten, um zwei Auserwählte auf sein Spielfeld zu holen. Es handelt sich um einen geheimnisumwitterten Schriftsteller und einen selbstlosen Arzt, und auch ihre größten Lebensträume haben mit Baseball zu tun. Einerseits verwirrt und unsicher, andererseits jedoch mit charmantem Starrsinn ausgerüstet, bringt Ray beide nach Iowa – und erlebt, wie der eine Frieden findet, der andere seine Menschenscheu verliert und neue Lebensfreude gewinnt. Doch Ray weiß bis zum Schluss nicht, was der ganze Spuk mit ihm selbst zu tun hat, was der Lohn ist für seinen Glauben, seinen Gehorsam. »Wenn du es baust, wird er kommen«, antwortet ihm Shoeless Joe – und geht.

Kurzinhalt

Eine geheimnisvolle Stimme veranlasst den Farmer Ray Kinsella, völlig widersinnig inmitten seiner Maisfelder ein Baseballfeld anzulegen. Dann tauchen längst verstorbene legendäre Baseball-Größen auf, um dort miteinander zu spielen. Doch Ray erhält noch weitere unverständliche Aufträge, die er ebenfalls ausführt. Als Lohn erfüllt sich am Ende sein größter Traum …

Und dann sieht Ray ihn – den Mann, um den es von Anfang an ging. Er sieht seinen Vater John auf sich zukommen, ein junger Bursche, der seine ganze Zukunft noch vor sich hat. Es ist der Mann, mit dem Ray nicht mehr Baseball spielen wollte, seit er 14 war. Es ist eine unbeholfene und stille Wiederbegegnung. Ray fehlen die Worte, und doch ist alles so, wie es sein muss. Eine wundervolle, überwältigende Szene der Versöhnung folgt, die jeden bewegen muss, weil wir alle Kinder waren und jeder von uns einen Vater hatte. Es ist der Moment des Nocheinmal. »Hey, Dad … spielen wir'n Ball?«, fragt Ray mit brüchiger Stimme, als sein Vater wieder gehen will. Und das tun sie dann, ihre tiefste Sehnsucht erfüllt sich in dem Werfen und Fangen, mit dem sie nicht mehr aufhören – und wenn der Film hier nicht enden würde, möchte man ihnen immer weiter zusehen. *Feld der Träume* erzählt

Kurzwertung

Ein tief berührender Film über das, was nach dem Tod noch möglich ist.

Themen

Vater-Sohn-Beziehung, Versöhnung, Himmel, Sport

mit diesem Schluss noch einmal die Geschichte vom verlorenen Sohn – nur dass hier der Vater wiederkehrt, um den Schmerz seines Sohnes zu lindern.

Ray hätte das alles nicht erlebt ohne seinen naiv erscheinenden Glauben, der immer wieder an den biblischen Abraham erinnert. Das »Feld der Träume« ist ein Bild für Erlösung; ein Bild dafür, dass die augenscheinliche Unwiderruflichkeit des Todes nicht das letzte Wort bleibt, dass es ein Danach gibt – und Gnade. Unsere Sünden, Fehler und Versäumnisse werden nicht bis in alle Ewigkeit auf uns lasten. Etwas Neues wird beginnen, weil Vergebung auf uns wartet. Was der Tod zerstört hat, kann wieder heil werden.

	Feld der Träume
Originaltitel	Field of Dreams (USA 1989)
Regie	Phil Alden Robinson
Darsteller	Kevin Costner (Ray Kinsella), Amy Madigan (Annie Kinsella), Ray Liotta (Shoeless Joe Jackson), James Earl Jones (Terence Mann), Burt Lancaster (Moonlight Graham)
Drehbuch	Phil Alden Robinson
Laufzeit	105 Minuten
Altersfreigabe	ab 6

Abgeschnittene Fingernägel, extrem vergrößert, fallen in Zeitlupe zu Boden, danach Haare, die wie Eisenstangen aufdonnern, schließlich rieseln riesige Bartstoppeln und Hautschuppen herab: Die ersten Bilder deuten bereits an, dass die ansonsten nur wenig beachteten Abfallprodukte der privaten Hygiene in diesem Film eine besondere Rolle spielen.

»In nicht allzu ferner Zukunft« wird möglich sein, woran heutige Biomediziner noch arbeiten: Die Gen-Kombination des Menschen kann bei der Zeugung im Labor präzise gesteuert werden. Dabei entstehen nahezu perfekte Designer-Kinder, die so genannten »Valids« oder »Vitros«. Sie bilden die Elite in einer Gesellschaft, die ganz auf den genetischen Code des Einzelnen fixiert ist. Wer noch das Resultat einer natürlichen Zeugung ist und damit Schwächen wie zum Beispiel ein erhöhtes Herzinfarktrisiko oder den Makel der Kurzsichtigkeit aufweist, gilt als minderwertig und wird diskriminiert: Er gehört zu den »In-Valids«, den »Untauglichen«, auch »Uteros« oder »Gottgewollte« genannt. Ungeachtet ihrer individuellen Fähigkeiten

haben sie keine Chance auf beruflichen Aufstieg und dürfen nur einfache Hilfsarbeiten verrichten. Sie sind die neue Unterschicht.

Vincent Freeman (Ethan Hawke) ist ein solches auf traditionelle Weise gezeugtes »Gotteskind«. Bereits Sekunden nach seiner Geburt ermitteln die Ärzte anhand einer Blutprobe, dass seine Lebenserwartung wegen einer Herzstörung bei 30 Jahren liegt. Vincent muss wegen starker Kurzsichtigkeit eine Brille tragen – ein für alle sichtbares Zeichen, dass seine Gene mangelhaft sind. Sein Schicksal scheint damit festgelegt. Sein jüngerer Bruder Anton (Loren Dean) dagegen besitzt als Retortenbaby alle genetischen Voraussetzungen zu einer glänzenden Karriere, sein Erfolg ist vorprogrammiert. Anton ist der bewunderte Liebling seiner Eltern, die Vincent vor allem fürsorgliches Mitleid entgegenbringen. Vincents großer Traum ist es, Astronaut zu werden – ein vollkommen aussichtsloser Wunsch, wie ihm sein Vater deutlich macht: »Du kriegst das Innere eines Raumschiffs nur zu sehen, wenn du es sauber machst.«

»Schade – der Wind hat's weggeweht…«

Doch Vincent hält unbeirrt an seinem Traum fest: Er will ins All, zu Titan, dem 14. Mond des Saturn, und zwar mit dem Raumfahrtunternehmen Gattaca. Dafür riskiert er viel: Ein DNA-Makler bringt ihn mit Jerome (Jude Law) zusammen, einem gentechnisch optimal konstruierten Schwimmathleten, der aber wegen eines Unfalls querschnittsgelähmt im Rollstuhl sitzt. Um seinen Lebensstandard halten zu können, verkauft Jerome Vincent seine genetische Identität in Form von Blut-, Urin-, Haar- und Hautproben. Die nämlich benötigt Vincent täglich, um die strengen biologischen Sicherheitskontrollen bei Gattaca überlisten zu können. Und die Täuschung gelingt: Vincent wird eingestellt und bleibt unerkannt. Er gilt wegen seines Erbmaterials als herausragender Mitarbeiter und wird als Kandidat für den Flug zum Saturn ausgewählt. Doch eine Woche vor dem Start des Raumschiffs geschieht ein Mord. Die Polizei entdeckt bei ihren Ermittlungen im Konzern die Wimper eines »In-Valid« – und sucht nun mit den Mitteln der Genanalyse nach Vincent, den sie für den Täter hält. Ein äußerst spannender Wettlauf mit der Zeit beginnt...

Vincent, dem es immer wieder gelingt, die Kontrollmechanismen von Gattaca auszutricksen, und der auch die Polizei an der Nase herumführen kann, widerlegt die vermeintliche Überlegenheit der »Valids«: Phantasie, Willenskraft und Mut sind entscheidend für den persönlichen Erfolg, haben mehr Bedeutung als ein hervorragendes Blutbild. Als Jugendlicher muss der sonst immer unterlegene Vincent seinen Bruder bei einem Wettschwimmen vor dem Ertrinken retten. Der gedemütigte Anton kann diese Niederlage nicht anerkennen. Auch der verbitterte Jerome verwindet es nicht, nur Zweiter geworden zu sein, weil er sich nur als Sieger sehen und annehmen kann. Sein Unfall war eigentlich ein Selbstmordversuch. In Wut und Selbstverachtung erstarrt, ist er der lebende Beweis dafür, dass genetische Prognosen nichts über das Schicksal eines Menschen aussagen. Letzten Endes weiß er mit seinen biologischen Vorzügen nichts anzufangen, weil er im Gegensatz zu Vincent keine Ziele, keine echten Träume hat.

Andrew Niccols visuell sehr überzeugender Science-Fiction-Thriller kommt ganz ohne Actionszenen, Tricktechnik und blutrünstige Glibbermonster aus dem All aus. Er zeigt eine spartanisch-kalte, sterile Welt, in der die Menschen durch die Gentechnik zwar schöner, gesünder und intelligenter sind,

Kurzinhalt

In naher Zukunft werden alle Kinder – genetisch optimiert – im Labor gezeugt. Wer noch auf natürlichem Wege geboren wird, gilt von vornherein als minderwertig – wie Vincent, der ein schwaches Herz hat und kurzsichtig ist, aber trotzdem Astronaut werden will. Er verschafft sich die genetische Identität eines querschnittsgelähmten Athleten, um Mitarbeiter des Raumfahrtkonzerns Gattaca zu werden...

Kurzwertung

Intelligenter Science-Fiction-Thriller, der in kühlen Bildern die Schreckensvision einer gentechnisch perfektionierten Gesellschaft zeigt.

Themen

Zukunft, Gentechnik, Diskriminierung, Vorherbestimmung

dafür aber auch einen hohen Preis zahlen: die völlige Gleichschaltung in einem Zwei-Klassen-System. Ein Haar kann bereits alles über den eigenen Wert offenbaren – deswegen trägt man eng anliegende, kurz geschorene oder hochgesteckte Frisuren. Wer flirtet, reicht dem anderen ein Körperschnipsel von sich, und der Partner bringt diese Liebesgabe in ein öffentliches Labor, um es blitzschnell gentechnisch durchleuchten zu lassen. Höchstes Ziel dieser Gesellschaft ist die Vervollkommnung: In einer bizarren Szene sieht man einen Pianisten, der über zwölf Finger verfügt, um ein klassisches Musikstück in nie gehörter Perfektion spielen zu können. *Gattaca* gelingt eine ebenso bedrückende wie glaubwürdige Zukunftsvision, die wir heute schon vorbereiten: Geklonte Schafe und der genetische Fingerabdruck sind bereits Realität.

Gattaca

Originaltitel	Gattaca (USA 1997)
Regie	Andrew Niccol
Darsteller	Ethan Hawke (Vincent), Uma Thurman (Irene), Jude Law (Jerome), Loren Dean (Anton), Alan Arkin (Inspektor Hugo)
Drehbuch	Andrew Niccol
Laufzeit	112 Minuten
Altersfreigabe	ab 12

Gilbert Grape – Irgendwo in Iowa

»Leben in Endora ist wie Tanzen ohne Musik«, sagt Gilbert Grape (Johnny Depp). Endora ist ein trostloses amerikanisches Provinznest, in dem wenig Aufregendes passiert: »Foodland«, ein gigantischer Supermarkt, gräbt dem Lebensmittelladen, in dem Gilbert arbeitet, das Wasser ab. Die Eröffnung eines Hamburger-Schnellrestaurants wird wie ein Volksfest gefeiert. Ein Versicherungsagent, der Gilbert als Kunde gewinnen möchte, stirbt an einem Herzinfarkt.

Gilbert ist der junge große Bruder einer vaterlosen Familie. Der Vater hat sich vor Jahren im Keller des selbst erbauten Hauses erhängt. Seither stopft sich die Mutter beinahe unaufhörlich mit Essen voll und sitzt nur noch vor dem Fernseher. Sie wiegt 500 Pfund und verlässt das Haus nicht mehr. Sie ist eine Attraktion in Endora, und die Kinder des Orts schleichen sich an das Wohnzimmerfenster heran, um sie zu sehen. Gilbert liebt seine Mutter, die früher einmal das schönste Mädchen der Stadt gewesen ist. Er liebt sie und wird nicht zulassen, dass sie zu einer Witzfigur wird. Die älteste Schwester

hat die Mutterrolle übernommen und verköstigt die Familie rund um die Uhr. Die jüngste Tochter möchte einfach nur so sein wie alle anderen Teenager in dieser öden Kleinstadt.

Und da ist Arnie (Leonardo DiCaprio). Arnie klettert immer wieder auf einen Schwindel erregend hohen Wassertank. Schaulustige drängen sich unten, der Bestattungsunternehmer ist mit seinem Leichenwagen zur Stelle, der Sheriff beschwört Arnie herunterzukommen, erfolglos. Allein Gilbert gelingt es, Arnie in seine Arme herabzulocken. »An manchen Tagen möchte man, dass er weiterlebt, an manchen Tagen nicht«, sagt Gilbert über seinen kleinen Bruder. Arnie ist behindert, und Gilbert liebt ihn mehr als jeden anderen Menschen. Keiner kennt und versteht Arnie besser.

»Hast du im Fernsehen schon mal einen gestrandeten Wal gesehen?« – »Ja.« – »Ja. So ist sie. So ist meine Mum.«

Einmal im Jahr setzen sich die beiden an die Landstraße und warten auf die vorbeirollende Wohnwagen-Karawane. Als sie auftaucht, glitzernd und endlos, springt Arnie auf und rudert wild mit den Armen. Er lacht und schreit, und seine unbändige Freude bricht jeden Damm im Zuschauer. Und dann begegnet Gilbert einem erstaunlichen Mädchen, das sein Leben verändern wird: Becky und ihre Mutter sind mit ihrem Caravan wegen eines Motorschadens zum Verweilen gezwungen. Becky verkörpert all das, was Gilbert für sich längst aufgegeben hat: Sie ist lebenshungrig, spontan, neugierig und romantisch.

Kurzinhalt

Irgendwo in Iowa lebt Gilbert Grape mit seiner übergewichtigen Mutter, zwei Schwestern und einem geistig behinderten Bruder zusammen. Seit dem Selbstmord des Vaters fühlt sich Gilbert verantwortlich für seine Familie und sorgt für ihr Auskommen. Durch die Liebe zu der durchreisenden Becky beginnt er, auch an sein eigenes Glück zu denken.

Anspruchslos und tapfer kümmert sich Gilbert um die Menschen, die ihm anvertraut sind. Das ist sehr viel – auch wenn er dabei Fehler macht: Weil Gilbert es eilig hat (Becky und ein atemberaubender Sonnenuntergang warten auf ihn), lässt er Arnie beim Baden allein. Als er zurückkehrt, sitzt Arnie noch immer in der Wanne, völlig durchgefroren. Und als Gilbert eines Tages die Geduld verliert, schlägt er Arnie. Gilbert will »ein guter Mensch sein«, und er weiß, dass er an seinem Bruder schuldig geworden ist. An seinem Geburtstag klettert Arnie auf einen Baum, als er Gilbert erblickt – es ist sein Versöhnungsangebot. »Arnie… Wo ist Arnie?… Hat jemand Arnie gesehen?«, spielen die beiden dann ihr Lieblingsspiel: Lächelnd »sucht« Gilbert seinen Bruder, der jauchzt und gluckst und sehr glücklich ist. »Ich bin ein Wunder, sagen die«, ruft Arnie, weil er trotz aller Prognosen der Ärzte 18 Jahre alt geworden ist. Ja, das ist er, ein großartiges, bewegendes Wunder. Ich verstehe, warum Gilbert ihn so sehr liebt.

Kurzwertung

Berührend herbe Komödie über das Leben in einer amerikanischen Kleinstadt mit einem herausragenden Leonardo DiCaprio.

Themen

Familie, Behinderte, Fürsorge, Romantik

Gilbert Grape ist kein spektakulärer Film. Aber ein Film voller Wärme, eine melancholische Komödie über das Leben in Iowa mit seinen alltäglichen Krisen und kleinen Katastrophen. Ein Film über Menschen, die wissen, dass sie zueinander gehören. Es fällt schwer, Arnie und Gilbert schnell wieder zu vergessen.

Gilbert Grape – Irgendwo in Iowa

Originaltitel	What's Eating Gilbert Grape? (USA 1993)
Regie	Lasse Hallström
Darsteller	Johnny Depp (Gilbert Grape), Leonardo DiCaprio (Arnie Grape), Juliette Lewis (Becky), Mary Steenburgen (Betty Carver), Darlene Cates (Momma)
Drehbuch	Peter Hedges
Laufzeit	118 Minuten
Altersfreigabe	ab 12

Happiness

Happiness ist kein Film, der sich leicht konsumieren lässt. Viele seiner Szenen sind nicht nur schräg und von tief schwarzem Humor getränkt, sondern vor allem schonungslos offen und verstörend, peinigend bis zur Unerträglichkeit. Aber man kann *Happiness* nur grandios nennen, ein schmerzhaftes Meisterwerk, das von der tiefen Sehnsucht nach Glück erzählt, die uns alle antreibt. *Happiness* bietet ein Kaleidoskop freudloser Glückssucher – und ihres Scheiterns.

Todd Solondz' Film hat keine Story im herkömmlichen Sinn, sondern knüpft ein komplexes Beziehungsnetz um mindestens zehn wichtige Figuren, die vor allem eines gemeinsam haben: ihre Einsamkeit. Joy, Helen und Trish sind Schwestern, leben in New Jersey und könnten unterschiedlicher kaum sein. Das naive Nesthäkchen Joy träumt vom Mann fürs Leben und von einer Karriere als Musikerin. Sie gibt ihren Job als Telefonistin auf, um in einer Sprachschule Einwanderer zu unterrichten. Dabei verliebt sie sich in ihren Schüler Vlad, einen russischen Taxifahrer und Kleinkriminellen. Der weiß diese Beziehung auch materiell zu nutzen und hat obendrein Weib

und Kind zu Hause sitzen. Helen ist eine erfolgreiche Schriftstellerin, die pornografische Lyrik schreibt und ständig ihre Liebhaber wechselt. Sie steckt in einer Sinnkrise, beklagt das Schicksal, als Kind keine traumatischen Erlebnisse erlitten zu haben, und fühlt sich wertlos. Trish, die Älteste, hat es offensichtlich am besten getroffen: Sie ist eine zufriedene Hausfrau und Mutter dreier Kinder.

Kurzinhalt

Die dreißigjährige Joy lebt immer noch allein und wartet auf den Märchenprinzen. Ihre Schwester Trish wiegt sich in der Illusion familiären Glücks, während ihr Mann Bill, ein Psychiater, die Freunde seines elfjährigen Sohnes sexuell missbraucht. Helen, die dritte Schwester, eine Erfolgsschriftstellerin, lässt sich auf ein Treffen mit einem Telefonspanner ein, ohne zu ahnen, dass es sich dabei um ihren Nachbarn Allen handelt. Der wiederum, ein Patient von Bill, wird von Kristina geliebt…

Doch Trishs Familienglück ist trügerisch: Ihr Mann Bill, ein angesehener Psychotherapeut, hat ein dunkles Geheimnis, von dem sie nichts ahnt – er ist ein Päderast, seinen unkontrollierbaren und abgründigen Obsessionen ausgeliefert. Wenn Bill sich auf der Fahrt nach Hause ein Teenie-Heft besorgt und dann schnell auf dem Rücksitz beim Anblick der Fotos masturbiert, weiß der Zuschauer: Dieser Mann hat wirklich ein Problem. Auf Bills Gesicht sind immer wieder die Spuren seines Getriebenseins, seiner inneren Not zu sehen. Der Zuschauer fühlt mit ihm – und wird von Todd Solondz vor den Kopf gestoßen, wenn wir sehen, wie dieser liebenswürdige Ehemann und Mustervater den Schulfreund seines Sohnes mit Schlafpulver füttert, um ihn dann zu missbrauchen.

Kurzwertung

Eine bittere Komödie von ungewöhnlicher Schärfe und schmerzhafter Offenheit über das Glücksverlangen des Menschen.

Themen

Glück, Einsamkeit, Enttäuschung

Auf der Suche nach dem Glück sind auch die Menschen, die diese drei Schwestern umgeben: ihre Mutter Mona, die von ihrem Mann nach 40 Ehejahren verlassen wird; ihr Vater Lenny, den selbst seine Geliebte langweilt und der den Tod herbeisehnt; Joys Kollege, der sich, von ihr abgewiesen, das Leben nimmt; Helens verklemmter und hässlicher Nachbar Allen, der seine Einsamkeit mit obszönen Anrufen kompensiert und Helen anhimmelt, ohne je den Mut zu finden, sie anzusprechen; oder die dicke Kristina, die wiederum in Allen verliebt ist und den Hausportier umbringt, der sie vergewaltigt hat – es ist ein grotesker Reigen neurotischer Unglücksritter, und Todd Solondz zeigt sie in ihren intimsten und peinlichsten Momenten. Aber bei allem Sarkasmus denunziert er sie nie. *Happiness* entlarvt die Schwachstellen dieser Liebeshungrigen und Ungeliebten, die tiefen Risse in ihrer Persönlichkeit, und stellt ihre inneren Qualen aus – doch das Mitgefühl verweigert Todd Solondz ihnen an keiner Stelle.

»Ich lache nicht über dich, ich lache mit dir.« – »Aber ich lache doch gar nicht.«

Man darf *Happiness* nicht als Satire missverstehen. Es ist Todd Solondz in den absurdesten und in ihrer Absurdität mitunter auch sehr komischen Szenen bitterernst. Immer wieder bleibt dem Zuschauer das Lachen im Hals stecken, steigt blankes Entsetzen in ihm auf. Die Nähe zu den Figuren, die Genauigkeit der Beobachtung verhindert aber, trotz des gnadenlos scharfen Blicks, dass sich der Zuschauer über diese Verlierer und Verlorenen erhebt. Wie lächerlich, hilflos und krank sie auch sein mögen – wir sehen hier keine emotionalen Monster, sondern Verzweifelte, die sich vergeblich abstrampeln, Geborgenheit, Trost und ein Quäntchen Freude zu erleben.

Zu den quälendsten Szenen zählt das Gespräch am Ende des Films, in dem Bill von seinem elfjährigen Sohn zur Rede gestellt wird und der Vater gesteht, den Schulfreund und einen weiteren Jungen missbraucht zu haben – ein Dialog, der wahrlich den Atem stocken lässt und sich ins Herz brennt: »Was genau hast du getan?«, will der Sohn wissen. »Ich hab mit ihnen geschlafen. Ich hab sie gefickt.« »Warum?« »Weil ich nicht anders konnte.« Beiden laufen die Tränen über die

Wangen. Sie sitzen in Schlafanzügen im dunklen Wohnzimmer auf der Couch. »Wie war das?«, fragt der Junge weiter. »Es war schön.« »Würdest du es nochmals machen?« Der Vater antwortet mit einem ehrlichen, marternden: »Ja.« Der Sohn schluchzt, aber er muss noch eine letzte Antwort haben. »Hättest du mich auch gefickt?« »Nein«, sagt der gebrochene Vater, der seinen Sohn liebt. »Ich hätte nur onaniert.«

	Happiness
Originaltitel	Happiness (USA 1998)
Regie	Todd Solondz
Darsteller	Jane Adams (Joy Jordan), Lara Flynn Boyle (Helen Jordan), Cynthia Stevenson (Trish), Dylan Baker (Bill Maplewood), Philip Seymour Hoffman (Allen)
Drehbuch	Todd Solondz
Laufzeit	134 Minuten
Altersfreigabe	ab 16

Im Auftrag des Teufels

Dieser Film hat mich in Schrecken versetzt. Man kann ihn als gelungenen Mysterythriller sehen, der eine sich allmählich aufbauende bedrohliche Atmosphäre immer weiter steigert. Er ist sicherlich ebenso eine hervorragende Studie menschlicher Eitelkeit und Erfolgsgier, ein genaues Porträt unserer Jagd nach Macht, Geld und Sex, denen wir immer wieder unsere Werte und Beziehungen opfern. Vor allem aber fragt er nach dem Bösen in unserer Welt – und nimmt dabei die Existenz des Teufels beklemmend ernst.

Kevin Lomax (Keanu Reeves) ist ein junger Anwalt in Florida, der noch keinen Prozess verloren hat. John Milton (Al Pacino) erfährt von seinem Talent und heuert den smarten Juristen für seine weltweit operierende Kanzlei in New York an. Die Aussicht auf ein Spitzeneinkommen und der Prestigegewinn lassen Kevin nicht lange zögern. Beruflich hat er einen glänzenden Start, doch seine Frau Mary Ann gerät durch den Umzug mehr und mehr aus dem Gleichgewicht: Sie leidet zunehmend unter Depressionen und Wahnvorstellungen – bis ihr Mann, den ein neuer Fall zeitlich sehr beansprucht, keine andere Möglichkeit mehr sieht, als sie in eine Nervenklinik einzuweisen.

In seiner Ehe wie auch in der Kanzlei ereignen sich mysteriöse Dinge, die Kevin zunehmend irritieren und in Anspannung versetzen. Zwei Männer sterben, und Mary Anns Angstzustände steigern sich so sehr, dass sie als einzige Fluchtmöglichkeit nur noch den Selbstmord sieht. Bei ihrem Zusammenbruch hatte sie Milton beschuldigt, sie vergewaltigt zu haben. Als Kevin seinen Chef zur Rede stellt, gibt John Milton sich zu erkennen: Er ist niemand anders als Satan selbst. Doch damit nicht genug – Kevin ist sein Sohn. Milton hat ihn zu sich geholt, weil er mit seiner »Halbschwester« den Anti-Christen zeugen soll. Aber Kevin muss es freiwillig tun...

Kurzinhalt

Der junge Strafverteidiger Kevin Lomax erhält ein äußerst lukratives Job-Angebot aus New York. Er tritt einer renommierten Anwaltskanzlei bei, sein neuer Chef nimmt ihn persönlich unter seine Fittiche. Kevin steigt zum Staranwalt auf. Doch nach einer Serie unheimlicher Vorfälle wird Kevin klar, dass ihn der Leibhaftige persönlich unter Vertrag genommen hat.

Das Grauen, das *Im Auftrag des Teufels* auslöst, rührt erst in zweiter Linie von den sparsam, aber äußerst effektvoll eingesetzten Horrorelementen her (wenn Mary Ann etwa für einen kurzen Moment das Gesicht einer reichen Nachbarin als dämonische Fratze wahrnimmt). Der Schock, den Taylor Hackford uns Zuschauern versetzt, geht tiefer. Wenn Milton verkündet: »Ich habe hier auf der Erde von Anfang an meine Finger im Spiel«, dann kann man ihm angesichts der Menschheitsgeschichte nicht ernsthaft widersprechen. Und keine Zeit ist ihm offensichtlich mehr verfallen als die unsere. Der Höllenfürst sieht sich auf dem Höhepunkt: »Wer, der noch bei Verstand ist, kann mit reinem Gewissen leugnen, dass das 20. Jahrhundert allein mir gehört hat?«

Kurzwertung

Packender Horrorthriller, in dem der Satan schockierend real erscheint.

Themen

Satan, Verführung, Gier, Eitelkeit, Willensfreiheit

Ganz nach biblischem Verständnis zeigt *Im Auftrag des Teufels* den Satan als den großen Rebell, so überragend intelligent wie selbstverliebt. Mit schauspielerischer Meisterschaft demonstriert Al Pacino die bevorzugten Strategien Luzifers: Verführung und Versuchung. Immer wieder lassen sich die Menschen durch Erfolg, Ansehen, Einfluss, Luxus und Vergnügen von ihm korrumpieren und wechseln so auf die Seite des Bösen. Aber dabei entscheiden sie immer selbst. Auch Kevin kann nicht widerstehen. Während Milton und er bei ihrer ersten Begegnung im höchsten Stockwerk eines Wolkenkratzers auf die Hochhausschluchten New Yorks herabblicken, lockt ihn sein charismatischer neuer Chef mit ungeahnten Karriereaussichten: »Ne Menge potenzieller Klienten da unten…« – eine deutliche Anspielung auf die Versuchungsgeschichte Jesu. Später verteidigt Kevin einen Mann, der wegen dreifachen Mordes angeklagt ist. Obwohl er von dessen Schuld weiß, erkämpft Kevin einen Freispruch für ihn.

»Ich bin ein Fan der Menschheit. Ich bin ein Humanist.«

Damit wiederholt sich eine Szene vom Beginn des Films, in der Kevin einen Lehrer vertritt, der seine Schülerin sexuell belästigt haben soll. Doch obwohl der junge Anwalt entdeckt, dass sein Mandant tatsächlich ein Päderast ist, bewahrt er ihn vor der Verurteilung – um auch weiterhin stolz eine makellose Erfolgsbilanz präsentieren zu können. Milton packt Kevin ein ums andere Mal mit sicherem Griff bei seiner Eitelkeit und macht sich die ausgeprägteste aller menschlichen Neigungen zunutze, die Eigenliebe. Er ermuntert seinen Schützling, Gewissensbisse oder Schuldgefühle als Ballast über Bord zu werfen: »Schuld ist wie ein schwerer Sack voll Steine. Alles, was du tun musst, ist, ihn abzusetzen.« Denn wahre Freiheit sei, »sich niemals entschuldigen zu müssen«.

Im Auftrag des Teufels wartet mit einem grandiosen Finale auf, von dem nichts verraten werden darf (vor allem nicht die allerletzte Schlusspointe). Dabei wird eines sehr deutlich: Es gehört zum Charakter des Satans, den Menschen wieder und wieder bei seinen Schwachstellen zu packen… Man mag sich bei diesem Film einfach nur wohlig gruseln, von der Spannung elektrisieren lassen oder die exzellenten Schauspieler genießen; mancher wird die Story vielleicht verächtlich dem Okkult-Genre zuschlagen und nicht weiter beachten oder für völlig abseitig halten. John Milton würde herzhaft darüber lachen: Sein größter Trick ist immer noch, die Menschen glauben zu lassen, dass es ihn gar nicht gibt. *Im Auftrag des Teufels* hat eine andere Botschaft: Wer sich nicht auf die Seite Gottes stellt, wird früher oder später vom Teufel geritten.

Im Auftrag des Teufels

Originaltitel	The Devil's Advocate (USA 1997)
Regie	Taylor Hackford
Darsteller	Al Pacino (John Milton), Keanu Reeves (Kevin Lomax), Charlize Theron (Mary Ann Lomax), Jeffrey Jones (Eddie Barzoon), Connie Nielsen (Christabella)
Drehbuch	Jonathan Lemkin
Laufzeit	140 Minuten
Altersfreigabe	ab 16

Im Namen des Vaters

Belfast, 1974: Es herrscht Krieg zwischen der IRA und der britischen Armee. Der junge Gerry Conlon (Daniel Day-Lewis) ist arbeitslos und hält sich mit Bagatelldiebstählen über Wasser. Auf der Flucht vor den Briten, die ihn irrtümlich für einen Heckenschützen halten, verrät Gerry um ein Haar ein IRA-Waffenlager. So sind beide Armeen hinter ihm her, die eigenen Leute drohen zur Strafe mit Knieschuss. »Geh und lebe, mein Sohn!« – mit diesen Worten drängt ihn sein Vater Giuseppe zur Flucht ins vermeintlich sichere London. Dort schließt er sich einer Hippie-Kommune an. Durch einen Diebstahl zu Geld gekommen, kehrt er nach Belfast zurück, wird nachts aus dem Bett heraus festgenommen und nach London geflogen. Die Polizei beschuldigt ihn eines Bombenattentats mit fünf Todesopfern und zahlreichen Verletzten. Er, sein irischer Freund Paul Hill und zwei weitere Mitglieder der Kommune werden als die »Guildford Four« in die britische Justizgeschichte eingehen.

Mit Schlägen und Verhörterror erpresst die Polizei falsche Geständnisse. Der Prozess, der den jungen Leuten gemacht wird, dient nicht der Wahrheitsfindung. Angesichts des Drucks einer aufgebrachten Öffentlichkeit geht es vielmehr darum, Sündenböcke zu verurteilen. Das Gericht betrachtet die vier Männer als IRA-Terroristen und verhängt lebenslange Haftstrafen. Eine Zeugenaussage, die die Angeklagten zweifelsfrei entlastet hätte, wird unterschlagen. Selbst die Festnahme und Verurteilung der wahren Täter hilft den »Guildford Four« nicht mehr. Sie bleiben in Haft.

Kurzinhalt

Vier junge Iren und ihre angeblichen Helfer sind angeklagt, im Oktober 1974 Bombenanschläge auf Londoner Pubs verübt zu haben. Durch Folter erzwingt man von ihnen Geständnisse – sie werden zu teils lebenslangen Haftstrafen verurteilt. Im Gefängnis nehmen Gerry Conlon und sein Vater Giuseppe, unterstützt von einer engagierten Rechtsanwältin, den Kampf gegen das eklatante Fehlurteil auf.

Erst nach 15 Jahren (!), unterstützt von einer mutigen Anwältin, die nur durch Zufall den einst unterschlagenen Unschuldsbeweis findet, kommen Gerry und die anderen frei. Sein Vater jedoch, zusammen mit sechs weiteren Verwandten und Bekannten als Komplize verurteilt, stirbt nach fünf Jahren an einem Lungenleiden im Gefängnis. Begnadigungsversuche blieben vergeblich. Der authentische Fall der »Guildford Four« gehört zu den größten Skandalen der britischen Rechtsprechung: eine eklatante Häufung von Justizirrtümern, Beweisunterdrückung, Meineiden und Manipulation. Die Verantwortlichen in Justiz und Polizei wurden freigesprochen.

Kurzwertung

Aufwühlend erzählte, auf einem authentischen Fall basierende Geschichte eines Justizskandals mit meisterhaften Hauptdarstellern.

Themen

Nordirland, Gerechtigkeit, Gewaltlosigkeit, Vater-Sohn-Beziehung

Neben diesem Justizkrimi entfaltet Jim Sheridan eine ergreifende Vater-Sohn-Geschichte: Gerry und Giuseppe Conlon werden in die gleiche Gefängniszelle gesperrt. Dem anderen auszuweichen ist nicht möglich. Sie können sich nicht riechen, sie ignorieren sich, sie schreien sich an, gehen aufeinander los – und klammern sich doch aneinander. Gerry ist ein verbitterter junger Mann, der sich von seinem Vater befreien muss, um für ihn kämpfen zu können. Ein Sohn wird erwachsen, und seine Verachtung für den Vater wandelt sich in Liebe und Respekt.

Der Film zeigt kaum die Ursachen des irischen Bürgerkriegs – das mag man ihm vorwerfen. Aber mit tragischer Wucht erzählt er die Geschichte von Menschen, die ohne ihr eigenes Zutun von der Politik überrollt werden. Das wühlt auf, empört, geht unter die Haut. Die Dramatik des Geschehens schnürt schier die Kehle zu: Diese himmelschreiende Ungerechtigkeit hat sich tatsächlich ereignet, solches Unheil tun Menschen einander an. Die eigentliche Botschaft des Films aber verkörpert Giuseppe Conlon: Er will nicht hassen – sein Weg ist die duldende Gewaltlosigkeit.

»Wer hat dir beigebracht, die Bombe zu bauen?«

Im Namen des Vaters, der für sieben Oscars nominiert war und bei der Berlinale 1994 den Goldenen Bären gewann, ist Politthriller und psychologische Studie, Gerichts- und Gefängnisfilm, Dokument und Komödie zugleich. Ein furioses, aufrüttelndes Plädoyer für das Ende des Hasses auf beiden Seiten und ein ergreifendes Generationen-Drama.

	Im Namen des Vaters
Originaltitel	In The Name of The Father (Irland/England/USA 1993)
Regie	Jim Sheridan
Darsteller	Daniel Day-Lewis (Gerry Conlon), Pete Postlethwaite (Giuseppe Conlon), Emma Thompson (Gareth Peirce), John Lynch (Paul Hill), Mark Sheppard (Paddy Armstrong)
Drehbuch	Jim Sheridan, Terry George
Laufzeit	127 Minuten
Altersfreigabe	ab 12

Ist das Leben nicht schön?

George Bailey (James Stewart) ist kurz davor, sich umzubringen. Er hat sich betrunken, steht auf einer Brücke und will sich in den eisigen Fluss stürzen, verzweifelt über den finanziellen Ruin seiner kleinen Bausparkasse – und das am Weihnachtsabend. Doch bevor es so weit kommt, steht plötzlich ein alter Mann namens Clarence neben ihm. Clarence ist ein Engel zweiter Klasse, auf die Erde geschickt, um Georges Selbstmord zu verhindern. Gelingt ihm seine Mission, wird er befördert und erhält endlich seine lang ersehnten Flügel.

George Bailey ist ein gutherziger, sympathischer Familienvater Mitte vierzig, dessen bescheidenes Leben voller Opfer und Entbehrungen steckt. Seit seiner Kindheit setzt er sich immer wieder für andere ein, ohne Rücksicht auf sich selbst: Sei es, dass er seinen Bruder aus einem Eisloch rettet, was ihm einen schweren Hörschaden

einträgt; sei es, dass er ein falsch zusammengesetztes Medikament des betrunkenen Apothekers nicht ausliefert, wofür er ein paar saftige Ohrfeigen erhält. George träumt von weiten Reisen, möchte in der Großstadt studieren, um Ingenieur zu werden und aufregende Bauten in aller Welt zu errichten. Doch er entkommt seiner Heimatstadt Bedford Falls nicht. Der plötzliche Tod des Vaters veranlasst ihn, seine Studienpläne zu verschieben; als der jüngere Bruder heiratet und in eine andere Stadt zieht, gibt er sie ganz auf. Selbst aus der Hochzeitsreise mit seiner Frau Mary wird nichts, weil er das dafür gesparte Geld hergibt, um die Genossenschaftsbank zu retten. Der selbstlose George verzichtet darauf, seine geliebten Träume zu verwirklichen. Es sind ungewollte, ja widerwillig auf sich genommene Entsagungen – dem gutmütigen Menschenfreund bleibt als Entschädigung sein Familienglück und die Wertschätzung seiner zahlreichen Freunde.

»Ich wusste, wenn ich runterspringe, wirst du mich bestimmt retten – und das hast du getan.«

Es ist nicht nur seine Hilfsbereitschaft, die George in Bedford Falls hält, es ist auch sein starkes soziales Verantwortungsgefühl: Als Nachfolger seines Vaters leitet er die »Building & Loan Association«, die eine große Siedlung mit Einfamilienhäusern für die kleinen Leute errichtet. So schwer es ihm fällt, in dem kleinen idyllischen Nest zu bleiben, will er andererseits das Lebenswerk seines Vaters bewahren und seine Mitmenschen vor dem skrupellos raffgierigen Grundstücksspekulanten Potter schützen, der das Siedlungsprojekt aus Profitgründen kippen möchte. Im Laufe der Jahre versucht der Erzkapitalist wiederholt, die Bank zu kaufen oder in den Ruin zu treiben, was George immer wieder erfolgreich abwehren kann. Doch er bleibt dabei ein tragischer Held wider Willen, der immer wieder den unerfüllten Wünschen und Visionen seines Lebens nachtrauert.

Dann verliert Georges schusseliger Onkel Billy, der als Buchhalter in der »Building & Loan« arbeitet, am Weihnachtstag 8000 Dollar, die er einzahlen sollte – genau zu dem Zeitpunkt, als ein Buchprüfer im Haus ist. Eine Katas-trophe droht. Der stets liebenswürdige und freundliche George dreht durch, sieht keinen Ausweg mehr – und wünscht sich in seiner verbitterten Hoffnungslosigkeit, nicht geboren zu sein... Doch der Engel Clarence macht seine Sache gut: Er setzt Georges Wunsch in die Tat um und zeigt ihm, wie Bedford Falls aussehen würde, wenn es George Bailey nie gegeben hätte: Sein Bruder wäre ertrunken und hätte im Krieg keinen einzigen seiner Kameraden retten können; der Apotheker wäre ins Gefängnis gewandert; aus seiner Heimatstadt wäre das lärmende »Potterville« geworden, ein Ort der Tingeltangellokale, Spelunken und Hurenhäuser, und aus seiner Frau Mary eine verhärmte Jungfer.

Kurzinhalt

Eigentlich zieht es George Bailey in die weite Welt. Stattdessen führt er nach dem Tod seines Vaters dessen kleine Bausparkasse weiter. Als aber an einem Weihnachtsabend die beträchtliche Summe von 8000 Dollar fehlt, bringt das den gutmütigen George an den Rand der Verzweiflung: Er wünscht sich, nie geboren zu sein...

Dieses Schreckbild überzeugt den lebensmüden George. Er erkennt, wie reich und erfüllt sein Leben in Wahrheit ist. Tief dankbar, überglücklich und mit neuem Lebensmut taumelt er zurück zu seiner Familie, wo er in einem furiosen Happy End durch die Hilfe seiner Freunde aus aller Not befreit wird – ein tief anrührender Moment, bei dem wohl kaum ein Zuschauer die Tränen zurückhalten kann. Und inmitten dieses wundersamen Weihnachtsabends erhält George dann noch die Nachricht, dass seinem Schutzengel nun endlich ein Paar Flügel gewachsen sind...

Kurzwertung

Eine Hymne auf das Geschenk des Lebens und das, was wirklich zählt – der Weihnachtsklassiker schlechthin.

Themen

Selbstlosigkeit, Glück, Lebensfreude, Freundschaft, Weihnachten

Bei seiner Erstaufführung war Capras Meisterwerk ein Misserfolg. Es blieb lange weitgehend vergessen und wurde erst mehr als 20 Jahre später durch wiederholte Ausstrahlungen zu einem der populärsten Fernsehhits in den USA und in Deutschland. Bis heute wird dieser Film, dessen Zauber und entwaffnender Unschuld sich wohl niemand entziehen kann, immer wieder an Weihnachten gesendet und ist damit für viele zu einem geschätzten Bestandteil der Festtage geworden.

Ist das Leben nicht schön? ist ein Weihnachtsmärchen voll kindlicher Naivität, mit Glockenklang, weihnachtlichem Schneegestöber und einer Botschaft, die nichts von ihrer Gültigkeit verloren hat: Seine Freude darin zu finden, andere zu erfreuen und ihnen Gutes zu tun, ist das Geheimnis des Glücks. Jede gute Tat hat ihren unauslöschlichen Wert, hat ihren Sinn – auch wenn er uns vielleicht verborgen bleibt. Nichts davon ist vergeblich. Jeder Mensch ist einzigartig und wichtig und sein Leben ein unsagbar kostbares Geschenk. *Ist das Leben nicht schön?* feiert dieses Geschenk enthusiastisch. Capras Film ist durchdrungen von der blanken Freude darüber, geboren zu sein, und ein mitreißendes, bewegendes Plädoyer für Selbstlosigkeit, Solidarität und Freundschaft. Ich werde ihn mir immer wieder ansehen.

	Ist das Leben nicht schön?
Originaltitel	**It's a Wonderful Life (USA 1946)**
Regie	**Frank Capra**
Darsteller	**James Stewart (George Bailey), Donna Reed (Mary Hatch), Lionel Barrymore (Mr. Potter), Thomas Mitchell (Onkel Billy), Henry Travers (Clarence)**
Drehbuch	**Frances Goodrich, Albert Hacket und Frank Capra**
Laufzeit	**131 Minuten**
Altersfreigabe	**ab 6**

Jerusalem

An einem Winterabend taucht er plötzlich auf, mit zwei Reisetaschen in den Händen, den Hut tief ins Gesicht gezogen. Der Fremde ist ein Erweckungsprediger aus Amerika, wie sich bald herausstellt, und seine Botschaft fällt in der kleinen schwedischen Gemeinde auf fruchtbaren Boden. Zum Verdruss ihres Pfarrers haben die Bauern ein Bethaus errichtet, in dem sich der Dorflehrer zum Ersatz-Priester aufgeschwungen hat. Doch als Hellgum eintrifft, hat auch der Lehrer nichts mehr zu melden, weil die Menschen sich von den Heilslehren des neuen Propheten in Bann ziehen lassen.

»Ich zeige euch den Weg zur Erlösung!«, verkündet Hellgum ihnen und schwört die Gläubigen auf sich ein, indem er ihre Angst vor dem Strafgericht Gottes noch verstärkt. Seine Anhänger gründen eine Kolonie und nennen sich »Hellgumianer«. Sie brechen den Kontakt zu den anderen Dorfbewohnern ab (»Wir müssen uns von allen abwenden, die uns zur Sünde verführen!«) und leben in asketischer Gütergemeinschaft – bis ihr eifernder Führer bekannt gibt: »Gott der Herr ruft mich in seine heilige Stadt Jerusalem!«

Und die Hellgumianer folgen ihm. Sie geben ihr bisheriges Leben auf, trennen sich von ihren Familien und ziehen gemeinsam aus dem hohen Norden ins Heilige Land. Die religiöse Euphorie scheint den

jungen Bauernsohn Ingmar um die letzte Chance auf den Rückkauf des väterlichen Hofs zu bringen, weil seine Schwester Karin und der Schwager den Besitz verlassen und versteigern wollen. Um den Hof zurückzugewinnen, gibt er Gertrud auf – die Frau, die er liebt – und heiratet Barbro. Sie ist die Tochter eines reichen Bauern, die das Anwesen als Mitgift von ihrem Vater bekommt. In ihrem Schmerz über diesen Liebesverrat schließt sich auch Gertrud dem Treck nach Palästina an.

Jerusalem ist die Verfilmung des gleichnamigen Doppelromans von Selma Lagerlöf (1858–1940). Die 1901 veröffentlichte literarische Vorlage der schwedischen Nobelpreisträgerin basiert auf einer wahren Begebenheit: Gegen Ende des 19. Jahrhunderts verkauften 40 schwedische Dörfler ihr Hab und Gut und brachen ins Gelobte Land Palästina auf, um dort in einer Kommune das nahe Weltende und die Wiederkunft Christi zu erwarten. Selma Lagerlöf hat die schwedische Kolonie dieser Glaubensgemeinschaft, von der sie berichtet, selbst besucht.

»Ich kann das Feuer in meinem Herzen nicht löschen …«

Bille August erzählt seine Geschichte sehr bedächtig und zurückhaltend, und er nimmt sich fast drei Stunden Zeit dafür. Effektvoll setzt er immer wieder dem kühlen Blau, Grün und Weiß der schwedischen Heimat das glühende Sonnenrot und staubige Braun verdorrter Erde im Heiligen Land entgegen. Der Nebel über den mittelschwedischen Seen und Wäldern kontrastiert mit der flirrenden Luft über den Mauern von Jerusalem, skandinavische Abgeschiedenheit steht neben dem bunten quirligen Treiben in der orientalischen Metropole mit seinem Nebeneinander der Religionen.

Kurzinhalt

Ein schwedisches Dorf um 1880: Der junge Ingmar und die lebensfrohe Gertrud verlieben sich. Einer gemeinsamen Zukunft scheint nichts im Wege zu stehen, bis ein Erweckungsprediger auftaucht, eine neue Glaubensgemeinschaft gründet und seine Anhänger auffordert, ihm nach Jerusalem zu folgen. Gertrud schließt sich ihm an, während Ingmar eine andere Frau heiratet, um den Hof seines Vaters wieder übernehmen zu können.

In der Endzeitkolonie vor den Toren Jerusalems, die von der Amerikanerin Miss Gordon geleitet wird, gibt es nicht mehr Mann und Frau, sondern nur noch »Bruder und Schwester«. Die Auswanderer nehmen es auf sich, denn »wir wissen, dass wir – und wir allein – den wahren Glauben haben«. Aber Klima und tödliche Krankheiten setzen ihnen hart zu, weil sie in ihrer Schwärmerei jede ärztliche Hilfe ablehnen. Sie zahlen einen hohen Preis für ihre Vision vom Gottesreich. Am Ende bricht Ingmar in den Süden auf, um Gertrud zurückzuholen. Als sie glaubt, in einem jungen Mann Jesus gefunden zu haben, entlarvt Ingmar ihn als tanzenden Derwisch – und bringt Gertruds überspannten Glauben damit ins Wanken.

Kurzwertung

Ruhige Literaturverfilmung, die das Geschick einer Gruppe religiöser Schwärmer mit einer melodramatischen Liebesgeschichte verknüpft.

Themen

Frömmigkeit, religiöser Fanatismus, Sekte

Jerusalem erzählt von Menschen, denen es vor allem darum geht, vor Gott richtig zu leben, und zeigt dabei auch ihre Verführbarkeit. Darin liegt die Aktualität dieses Films, denn was sich damals ereignet hat, kann sich heute an anderem Ort ebenso zutragen. Wann überschreitet der Glaube die Grenze zum religiösen Wahn? An welchem Punkt wird christliche Spiritualität lebensfeindlich, verrennt sich in letztlich selbstzerstörerische Utopien? Diese Fragen ohne vorschnelles Urteil zu stellen, ist das besondere Verdienst von *Jerusalem*. Ein Film, der hilft, wachsam zu bleiben.

	Jerusalem
Originaltitel	Jerusalem (Schweden 1996)
Regie	Bille August
Darsteller	Ulf Friberg (Ingmar), Maria Bonnevie (Gertrud), Pernilla August (Karin), Reine Brynolfsson (Tim), Lena Endre (Barbro), Sven-Bertil Taube (Hellgum)
Drehbuch	Bille August
Laufzeit	165 Minuten
Altersfreigabe	ab 12

Jesus Christ Superstar

Mitten in der Wüste Negev hält ein ausgedienter Autobus, junge Leute unterschiedlicher Herkunft und Hautfarbe klettern heraus, laden Requisiten und ein großes Kreuz ab, kostümieren sich – und beginnen, inmitten dieser kargen, aber imposanten Landschaft und in den Ruinen antiker Bauten Leben, Leiden und Tod Jesu nachzuspielen. Doch was wir zu sehen (und vor allem zu hören) bekommen, ist kein Passionsspiel im Oberammergau-Stil, sondern eine Rockoper, die musikalisch auch heute noch überzeugt und mitreißt. Das bedeutet: Der gesamte Text (mit Ausnahme der Kreuzesworte Jesu) wird gesungen, und zwar auf Englisch.

Im Zuge der Studentenrevolte und der Hippie-Bewegung wurde Ende der 60er Jahre die alte Botschaft von Liebe und Frieden wieder entdeckt (»Make love, not war«) und mit ihr auch das Evangelium. War Jesus, der mit einer Gruppe »Langhaariger« umherzog, nicht auch schon eine Art Hippie gewesen, ein Aussteiger mit einer ebenso einfachen wie radikalen Botschaft? Es entstanden die unterschiedlichsten Gruppen, die in Jesus ihr Leitbild fanden und unter der Bezeichnung »Jesus People« zusammengefasst wurden. Vor diesem

Hintergrund ist das Musical *Jesus Christ Superstar* ein eindrucksvolles Dokument der Jugendkultur zu Beginn der 70er Jahre und ihrer an Jesus orientierten Religiosität.

Ging es den Bibelfilmen bis in die 60er Jahre hinein darum, in einer Art historischem Bilderbogen respektvoll die bekannte Geschichte Jesu nachzuerzählen, wählten der Komponist Andrew Lloyd Webber und Tim Rice als Texter eine vollkommen neue Perspektive. Ihre Version der Passion Jesu enthält zahlreiche Gegenwartsbezüge: Die Wachen des Pilatus sind mit Militärhosen, Fallschirmjägerhelmen und Maschinenpistolen ausgestattet, in die Gewissensqualen des Judas brechen Panzer und Kampfjets aus dem Nahost-Krieg ein, und König Herodes präsentiert sich als moderner Playboy. Neben diesen Aktualisierungen ist es besonders die »Spiel im Spiel«-Situation, mit der die traditionelle Darstellung des biblischen Stoffes durchbrochen wird.

Neu ist vor allem das Bild von Jesus (Ted Neeley) selbst: Er wird nicht als Erlöser und Heiland der Welt gezeigt, der durch seinen Kreuzestod Tod und Teufel besiegt und siegreich aufersteht. Er tritt auch nicht als Heiler und Wundertäter auf oder als charismatischer Redner, der die Massen in Bann schlägt. Eine der eindrucksvollsten Szenen zeigt ihn von Kranken und Aussätzigen umgeben, die ihn bestürmen, sie zu heilen. Es sind so viele, dass sie ihn schier erdrücken – und plötzlich wirkt Jesus nur noch überfordert und hilflos. Er hat keine Antwort auf das namenlose, ungezählte Elend dieser Welt. Ohne Frage: *Jesus Christ Superstar* zeigt nicht die Gottheit Christi, sondern den unheroischen

Kurzinhalt

Ein Bus bringt eine Gruppe junger Leute in die Negev-Wüste. Dort spielt sie in den Ruinen antiker Bauten Episoden aus dem Leben Jesu nach. Die Aufführung endet mit der Kreuzigung, danach steigt die Gruppe wieder in den Bus und fährt ab.

Kurzwertung

Musikalisch und optisch überzeugende Filmversion der gleichnamigen Rockoper.

Themen

Jesus, Starkult, Jugendprotest

Menschen Jesus, der immer wieder an sich selbst zweifelt. Deswegen ist es nur konsequent, wenn der Film mit der Kreuzigung endet – und die Auferstehung ausbleibt bzw. nur angedeutet wird.

Wichtigste Figur neben Jesus ist Judas, der von einem Farbigen (Carl Anderson) dargestellt wird. Judas zeigt von Beginn an eine skeptische Distanz zu der Begeisterung, mit der die Menge Jesus folgt. In seiner ersten Szene sitzt er weitab auf einem Hügel und wirft Jesus vor, zu weit gegangen zu sein, als er es zuließ, von den Menschen als Gott verehrt zu werden. Judas hat auf die sozialrevolutionäre Kraft der Lehre Jesu gehofft und muss miterleben, dass sein Leitbild wie ein Star gefeiert wird. Mahnend erinnert er Jesus an seine hohen Ziele, warnt ihn vor den Gefahren einer Massenhysterie und vor dem eigenen Ehrgeiz. Jesus ist ein »Ereignis« geworden, das aber letztlich folgenlos bleibt.

»We need a more permanent solution to our problem …«

Den jubelnden Anhängern, den tanzenden und singenden »Hosianna«-Rufern stehen die Pharisäer als Repräsentanten der bestehenden Ordnung gegenüber. Sie sehen durch die neue Bewegung vor allem die eigene Macht gefährdet. Der Konflikt zwischen der herrschenden religiösen Klasse und der wachsenden Anhängerschaft Jesu, die sich für seine alternative Lebensform begeistert, spiegelt besonders deutlich die gesellschaftliche Situation Anfang der 70er Jahre wider. Damals war die Rockmusik eines der wichtigsten Ausdrucksmittel des jugendlichen Protests gegen die bürgerlichen Konventionen und die bestehenden Machtverhältnisse.

Jesus Christ Superstar ist sicherlich kein Nachhilfeunterricht in Bibelkunde. Das Jesusbild dieser Verfilmung kann man im Vergleich zu den Evangelien nur als eindimensional und verkürzt bezeichnen. Ihre Berechtigung erhält diese Interpretation aber auf jeden Fall als Gegenentwurf zu einer bürgerlichen Jesus-Deutung. Die vermittelt oft nur noch einen letztlich harmlosen Christus, dessen weichgespülte Botschaft die selbstzufriedene Bequemlichkeit eines gut situierten Lebens nicht sonderlich stört. *Jesus Christ Superstar* endet damit, dass die Truppe, die so fröhlich angereist war, leise, nachdenklich und auch bewegt wieder in ihren Bus steigt. Diese Geschichte ist nicht spurlos an den jungen Leuten vorübergegangen. Sie sind während des Spiels etwas – oder jemandem? – begegnet, das sich nicht so leicht wieder abschütteln lässt. Beim Zuschauer ist es nicht anders, und das ist nicht wenig.

Jesus Christ Superstar

Originaltitel	Jesus Christ Superstar (USA 1972)
Regie	Norman Jewison
Darsteller	Ted Neeley (Jesus), Carl Anderson (Judas), Yvonne Elliman (Maria Magdalena), Barry Dennen (Pilatus), Bob Bingham (Kaiphas)
Drehbuch	Norman Jewison, nach der Rockoper von Andrew Lloyd Webber und Tim Rice
Laufzeit	107 Minuten
Altersfreigabe	ab 12

Jesus von Montreal

»Jesus Christus ist jetzt absolut in Mode – aber man müsste morgen früh im Studio sein, um am Wochenende in die Kultursendung zu kommen.« Der Sohn Gottes lässt sich ordentlich vermarkten, wenn man es nur richtig anstellt. Findige Werbemanager klügeln Strategien aus, um den Jesus-Trend in klingende Münze zu verwandeln. Auch die Kirche instrumentalisiert den Mann aus Nazareth: als preiswerten Trost für die Mühseligen und Beladenen, die zu arm sind, um sich eine Psychoanalyse leisten zu können.

Der junge Schauspieler Daniel Coulombe (Lothaire Bluteau) erhält von dem katholischen Priester Leclerc den Auftrag, das alljährlich im Sommer in seiner Pfarrei stattfindende Passionsspiel zu modernisieren, weil die Besucherzahlen rückläufig sind. Er gewinnt vier beruflich frustrierte Kollegen für dieses Projekt, vertieft sich in die aktuelle kritische Jesusforschung und entwickelt eine völlig neue,

sehr unorthodoxe Inszenierung. Nach der erfolgreichen Premiere wird Daniel schlagartig zum Theaterliebling des breiten Publikums wie auch der Kulturschickeria.

Pater Leclerc teilt diese Begeisterung jedoch ganz und gar nicht, ja, er lehnt das Stück vehement als untragbar ab, unter anderem weil die Evangelien ein »Märchen des Orients« genannt werden und Jesus als jüdischer Prophet namens Jeschua ben Pantera dargestellt ist, der seine Geburt einem Fehltritt Marias mit einem römischen Soldaten verdankt. Nach Rücksprache mit seinen Vorgesetzten setzt Pater Leclerc die Aufführung kurzerhand ab und unterbindet weitere Vorstellungen: Seiner Ansicht nach wollen die Kirchenbesucher hören, dass der Sohn Gottes sie liebe, und nicht über die neusten Entdeckungen der Archäologie im Nahen Osten informiert werden.

Kurzinhalt

Ein junger Schauspieler in Montreal inszeniert seine Neuinterpretation eines Passionsspiels, löst bei Publikum und Kritik Begeisterung aus, stößt aber auf die Ablehnung der Kirche.

Jesus von Montreal ist in zwei deutlich voneinander getrennte Handlungsstränge geteilt: Auf der einen Ebene wird die Geschichte des Schauspielers Daniel erzählt, den der Medien- und Kulturbetrieb mit lukrativen Angeboten lockt, nachdem man auf sein Talent aufmerksam geworden ist. Die andere Ebene ist das sehr eindrückliche Passionsspiel selbst, das sich in einer Art Stationendrama der Leidensgeschichte Christi annähert. Obwohl das überlieferte Jesusbild hier in Frage gestellt wird, bleibt der Mann aus Nazareth für die zeitgenössischen Zuschauer eine faszinierende Gestalt. Beide Ebenen laufen zunächst nebeneinander her, berühren sich im Verlauf des Films immer stärker, ergänzen sich oder stehen in deutlichem Kontrast zueinander. Wenn Daniel aus Zorn über die Erniedrigung einer seiner Schauspielerinnen ein Filmstudio demoliert und die anwesenden Werbefachleute aus dem

Kurzwertung

Anspruchsvolle Auseinandersetzung mit der Gestalt Jesu.

Themen

Jesus, Evangelienkritik, Medienindustrie

Raum jagt, oder wenn er von einem Medienagenten mit einem Blick über Montreal »versucht« wird (»Ich versuche Ihnen klar zu machen, dass Ihnen die Stadt gehören könnte – wenn Sie wollen ...«), sind die Parallelen unübersehbar.

Der bibelkundige Zuschauer wird in der Gegenwartshandlung zahlreiche weitere Zitate aus den neutestamentlichen Berichten entdecken. Wie bei der Berufung der Jünger sagt Daniel zu einer der Schauspielerinnen, die er in seiner Truppe haben möchte: »Ich komme, um dich zu holen.« Die zweite Schauspielerin, Mireille, entspricht Maria Magdalena. Daniel befreit sie aus einem Leben, in dem sie nur als erotisches Objekt gesehen wird. Die Begegnung mit ihm verhilft ihr zu neuem Selbstbewusstsein, weil sie sich von Daniel als Person ernst genommen und als Mensch angenommen weiß. Ein dritter Schauspieler arbeitet als Pornofilm-Synchronisator und lässt sich ebenfalls mitten aus seinem Engagement herausrufen. »Ich brauche keinen Anwalt«, sagt Daniel, als er wegen seiner Randale im Filmstudio vor Gericht erscheinen muss. Vor der letzten Aufführung ihres Stücks sitzen die Schauspieler im Park beim Essen – eine Szene, die an das Abendmahl erinnert. Danach wird Daniel verhaftet, und ein Polizist gratuliert ihm wie der Soldat unter dem Kreuz zu seiner Vorstellung. Es ließe sich noch eine ganze Reihe weiterer Beispiele benennen, die sich bis zum Filmende durchziehen.

»Jesus ist so was von sanft, so was von ... positiv.«

Die Jesus-Gestalt des Daniel Coulombe dient Denys Arcand zum einen dazu, mit entlarvender Schärfe Kulturindustrie und Medienwelt als Menschenhandel bloßzustellen. Auch in der institutionalisierten Kirche hat die »Sache Jesu« keinen Platz mehr. Ihr Vertreter, der ängstliche, auf Sicherheit bedachte Pater Leclerc, ist einzig darum besorgt, bei den Kirchenoberen nicht in Ungnade zu fallen, und verdient bestenfalls Mitleid (»Man muss Mut haben, um alles aufzugeben«). Daniels Jesus von Montreal ist ein leidenschaftlicher Anwalt der Menschen – ohne Frage einer der Grundzüge des biblischen

Jesus. Nicht thematisiert bzw. bestritten wird dagegen die Beziehung Jesu zu seinem himmlischen Vater, die das Neue Testament als große vertraute Nähe beschreibt. Das gilt auch für seinen messianischen Selbstanspruch, der von Gott gesandte Erlöser zu sein. Der biblische Jesus wird damit praktisch halbiert, auf sein Menschsein und seine soziale Vorbildlichkeit reduziert. *Jesus von Montreal* verneint den Kreuzestod Christi als weltumspannendes Heilshandeln und interpretiert die Auferstehung um: »Sucht das Heil nur in euch selbst!« Kernwörter der Botschaft vom anbrechenden Reich Gottes wie »Gnade« und »Vergebung« kommen ebenso nicht vor.

Trotz dieser theologischen Einseitigkeiten bleibt *Jesus von Montreal* unbedingt sehenswert, bietet er doch einen hervorragenden Ausgangspunkt für die Frage, wer dieser Jesus von Nazareth wirklich ist. Vielleicht zeigt sich dabei, dass es nicht so sehr darauf ankommt, welches Bild wir uns von ihm machen, sondern wie er uns sieht, und dass nicht entscheidend ist, was wir über ihn sagen, sondern was er uns sagt. In einer Szene am Anfang sitzt Daniel in der Bibliothek, um für die Neufassung des Passionsspiels zu recherchieren. Eine Bibliothekarin kommt auf ihn zu und fragt: »Suchen Sie Jesus?« Als er bejaht, erwidert sie: »Er ist es, der Sie finden wird.«

Jesus von Montreal

Originaltitel	**Jesus de Montreal (Kanada 1989)**
Regie	**Denys Arcand**
Darsteller	**Lothaire Bluteau (Daniel Coulombe), Cathérine Wilkening (Mireille), Johanne-Marie Temblay (Constanze), Gillies Pelletier (Pater Leclerc), Rémy Girard (Martin)**
Drehbuch	**Denys Arcand**
Laufzeit	**118 Minuten**
Altersfreigabe	**ab 12**

Johnny zieht in den Krieg

Jesus weiß auch nicht weiter. Er zimmert Holzkreuze für die vielen Gefallenen und kennt sich aus, weil er selbst viel durchgemacht hat – aber bei Joe ist auch er ratlos. Joe will aus diesem unfassbaren Alptraum aufwachen, der einfach kein Ende nimmt. Denn Joe ist »ein Stück Fleisch, das noch lebt«. Eine Granate hat ihn völlig zerfetzt: Ihm fehlen Arme und Beine, Kiefer, Lippen, Zunge, Nase, Augen und Ohren. Sein Gesicht ist ein einziges großes Loch. Joe ist nur eines von Millionen Opfern – aber sein Schicksal bleibt ein unauslöschlicher Aufschrei gegen den Irrsinn des Krieges, wofür auch immer er geführt wird. Zusammen mit den Kurzgeschichten von Wolfgang Borchert war »Johnny zieht in den Krieg« in den 70er Jahren wohl der wichtigste Anstoß für meine spätere Entscheidung, den Wehrdienst zu verweigern (was damals noch mit einer so genannten »Gewissensprüfung« verbunden war).

Der Film beginnt mit historischen Schwarzweißaufnahmen vom Beginn des Ersten Weltkriegs: Die Völker rüsten sich für den großen Waffengang, überall herrscht Mobilmachung, die Massen jubeln, Truppen marschieren auf, auch Amerika zieht in den Krieg, und der 20-jährige Joe hat sich freiwillig gemeldet. Dann kommt plötzlich ein leises Pfeifen hinzu, das immer lauter und schriller wird: Es ist eine heranfliegende Granate, und bevor sie einschlägt, verdunkelt sich die Leinwand. Die Ärzte beugen sich über Joe, der sie nicht sehen, nicht hören, nicht mit ihnen sprechen kann. Joe wird intravenös ernährt, er ist an ein Beatmungsgerät angeschlossen und hat künstliche Ausgänge für Stuhl und Urin erhalten. Die Mediziner erhalten ihn am Leben – weil er als Studienobjekt dienen soll. Es ist für sie ausgeschlossen, dass dieser völlig hilflose Torso noch denken und fühlen kann. Aber sie irren sich.

Denn Joes Hirn ist noch voll funktionsfähig. Wir hören aus dem Off seine Gedanken, sehen, woran er sich erinnert, was er träumt. Und wir wissen deswegen von seinem Entsetzen, von seiner grenzenlosen Panik und unbeschreiblichen Verzweiflung, als er erkennen muss, wie es um ihn steht. »Warum macht niemand das Licht an?«, fragt Joe sich am Anfang – bis er begreift. »Alles abgeschnitten!«, schreit er, als der Arzt dort die Fäden zieht, wo eigentlich Arme und Beine sitzen sollten. Nur wir hören seine Schreie, und das ist kaum auszuhalten. Es ist das Grauen. Man hat Joe in eine Abstellkammer geschoben, damit niemand seinem Anblick ausgesetzt ist. Ist das überhaupt noch ein menschliches Wesen dort auf dem Krankenbett? *Johnny zieht in den Krieg* ist auch eine Meditation darüber, was uns zum Menschen macht, zur Person, und unser Leben lebenswert.

Joes Erinnerungen – an die letzte Nacht mit seiner Jugendliebe Kareen, an den Vater, an die Kinderjahre – sind in Farbe zu sehen, ebenso seine Träume, während der quälende Gleichlauf seiner Tage nach der Verstümmelung in Schwarzweiß gezeigt wird. Es gibt keine

Kurzinhalt

Einem Siebzehnjährigen werden im Ersten Weltkrieg durch eine Granate Arme und Beine abgerissen und das Gesicht zerfetzt; der Rumpf ohne Augen, Nase, Mund und Ohren wird von den Ärzten am Leben gehalten. Nach einiger Zeit erkennt der junge Mann seinen hoffnungslosen Zustand. Er kann Kontakt zu seiner Umwelt aufnehmen und bittet die Ärzte, ihn sterben zu lassen.

Kurzwertung

Erschütternder Antikriegsfilm.

Themen

Krieg, Sterbehilfe

Verbindung mehr zwischen diesen beiden Welten: Obwohl er noch atmet, ist Joe eigentlich bereits gestorben, weil er in dieses farbige Leben von früher nie mehr zurückkehren kann. Er durchleidet buchstäblich in jeder Sekunde die Urangst des Menschen: völlig wehrlos und ausgeliefert zu sein. Einmal träumt er, dass eine Ratte an ihm hoch kriecht und sich auf sein Gesicht setzt – ein Bild für den Horror, den Joe erlebt. Er fühlt sich »wie ein Monstrum in der Jahrmarktsbude«. In einer Vision sieht er sich und einige seiner Kameraden mit Jesus Karten spielen. Sie alle werden sterben, sie alle wissen es. Jesus kümmert sich um diese Todgeweihten – er ist einer von ihnen und schreit seinen Schmerz über das unzählbare, unaussprechliche Leid dieses Krieges in die Nacht.

»Möge Gott euch den Sieg geben! Lasset uns beten!«

Eine sensible, gläubige Krankenschwester spürt deutlicher als die anderen, was dieser Rumpf, der lebt und leidet, sich wünscht: Sie lässt ihn die Sonne spüren und geht sehr zärtlich mit ihm um, befriedigt ihn einmal sogar mit den Händen, weil seine Genitalien unverletzt geblieben sind – ein Akt von großer Menschenliebe und Barmherzigkeit. Und dann gelingt es Joe tatsächlich, mittels Morsezeichen Kontakt mit den Ärzten aufzunehmen (»das einzige Stück Fleisch, das mit seinem Hinterkopf sprechen kann«). Doch die Militärs und Mediziner sind einfach nur fassungslos, dass er sich mitteilen kann, dass ein menschlicher, funktionierender Geist in diesem derart verunstalteten Körper eingesperrt ist. Joe wird ihr Geheimnis bleiben. Seine eindringliche Bitte, ihn zu töten, ihn aus dieser grässlichen, ausweglosen Finsternis zu befreien, lehnen sie ab.

Joes Krankenschwester jedoch ist bereit, sein Leben zu beenden. Als er das merkt, empfindet er nur noch Dankbarkeit angesichts der bevorstehenden ersehnten Erlösung. Doch ein Offizier entdeckt den abgeschnittenen Atemschlauch in letzter Sekunde und verhindert, dass er sterben kann. »Sie werden mich niemals rauslassen«, ist seine bittere Erkenntnis. Sein verzweifelter Hilfeschrei am Ende verhallt im Dunkel, ein aufwühlender, erschütternder Moment, der sprachlos macht: »Tief im Inneren schreie ich und brülle ich und heule ich wie ein Tier in der Falle. Aber niemand kümmert sich darum.« Nur wir, die Zuschauer, hören ihn.

Johnny zieht in den Krieg ist Dalton Trumbos erste und einzige Regiearbeit gewesen. Es handelt sich um die Verfilmung seines gleichnamigen Romans, der 1939, drei Tage vor Ausbruch des Zweiten Weltkriegs, erschienen war. Das Buch entwickelte sich in Amerika zum Bestseller und wurde nach Kriegseintritt der USA verboten. Wer diesen Film gesehen hat, weiß warum.

Johnny zieht in den Krieg

Originaltitel	**Johnny Got His Gun (USA 1971)**
Regie	**Dalton Trumbo**
Darsteller	**Timothy Bottoms (Joe Bonham) Kathy Fields (Kareen), Jason Robards (Joes Vater), Donald Sutherland (Christus), Diane Varsi (4. Krankenschwester)**
Drehbuch	**Dalton Trumbo**
Laufzeit	**114 Minuten**
Altersfreigabe	**ab 16**

Lichter der Großstadt

Charles Chaplin hatte bereits mit den Vorbereitungen zu seinem Film *Lichter der Großstadt* begonnen, als mit der Uraufführung von *The Jazz Singer* am 6. Oktober 1927 der Siegeszug des Tonfilms einsetzte. Diese technische Innovation drohte plötzlich all das in Frage zu stellen, worauf sich der Ruhm Chaplins bis dahin gegründet hatte: Pantomime und Slapstick in der Gestalt des »Tramp« mit zu großen Schuhen und zu kleinem Hut. Chaplins Antwort in *Lichter der Großstadt* bestand darin, weiter auf Pantomime zu setzen und sie nun durch Geräuscheffekte und Musik zu unterstützen (was ihm die Gelegenheit gab, sich auch erstmalig als Komponist zu betätigen). Es entstand ein vertonter Stummfilm – der zu einem überwältigenden Triumph für den britischen Komiker wurde, obwohl sich der Tonfilm 1931 bereits fest etabliert hatte. Chaplins Popularität war auf dem Höhepunkt angelangt.

Die Story, die Chaplin erzählt, ist an sich simpel: Der Landstreicher Charlie begegnet einer blinden Blumenverkäuferin, kauft ihr von seinem letzten und einzigen Geld eine Blume ab – und verliebt sich in sie. Sie hält ihn für einen reichen Mann; er wiederum will ihr helfen und versucht, als Straßenkehrer und Preisboxer für sie Geld zu

verdienen. Chaplin verknüpft diese zarte Liebesgeschichte mit der Geschichte vom Millionär, den Charlie vor dem Selbstmord rettet. Der Millionär ist völlig betrunken und erklärt den abgerissenen Vagabund zu seinem Freund. Am anderen Tag, als er wieder nüchtern ist, erkennt er den Tramp nicht mehr und lässt ihn vor die Tür setzen. Als die Not am größten ist, trifft Charlie den Millionär erneut. Und weil der wieder einmal betrunken ist, schenkt er ihm spontan 1000 Dollar. Doch Charlie gerät in Verdacht, das Geld gestohlen zu haben. Er kann es gerade noch dem blinden Mädchen für eine Augenoperation zustecken, dann wird er verhaftet.

Kurzinhalt

Der Tramp Charlie verliebt sich in ein blindes Blumenmädchen, das ihn für einen reichen Wohltäter hält. Der Vagabund bemüht sich vergeblich, Geld zu verdienen, um ihr eine Augenoperation zu bezahlen. Ein betrunkener Millionär, den er vor dem Selbstmord bewahrt hat, schenkt ihm 1000 Dollar – und dann wird Charlie doch als Dieb ins Gefängnis gesteckt. Nach seiner Entlassung trifft er das inzwischen geheilte Mädchen wieder.

Lichter der Großstadt enthält wundervolle Slapstick-Szenen, die bis heute ihre Wirkung nicht verfehlen. Die meisten von ihnen könnten auch für sich stehen, weil sie mit der eigentlichen Handlung nur wenig zu tun haben, so etwa der großartige Boxkampf oder die Szene, in der Charlie eine Pfeife verschluckt und damit die Hunde der Umgebung anlockt. Aber unverkennbar ist auch die Sozialkritik, die Chaplins Film enthält. Charlie bleibt immer der Außenseiter – nur eine Blinde und ein Betrunkener akzeptieren ihn. Die Welt der Reichen wird als eine Folge von rauschenden Partys, Lustbarkeiten und kostspieligen Reisen geschildert, als eine Welt ohne Sinn, ohne menschliche Bindungen und Verpflichtungen gegenüber anderen. Daher rührt auch die Lebensmüdigkeit des Millionärs, der im Suff Ekel vor sich selbst empfindet. Die Armen sind in dieser Welt ohne jede Chance, wenn sie keinen Helfer finden.

Kurzwertung

Berührende Tragikomödie – einer der ganz großen Stummfilmklassiker.

Themen

Selbstlosigkeit, Liebe, Sozialkritik, Armut

Doch was *Lichter der Großstadt* zu einem Höhepunkt der Filmkunst macht, zu einer Meisterleistung, die auch nach mehr als 70 Jahren noch Bestand hat, ist sein Schluss: Charlie ist aus dem Gefängnis entlassen worden – und trifft das Mädchen wieder, dem er durch seine 1000 Dollar die Augenoperation ermöglicht hat. Sie ist geheilt und besitzt jetzt ein eigenes Blumengeschäft, weiß aber nicht, wer er ist, da sie ihn damals ja nicht sehen konnte. Sie hält den heruntergekommenen Gaffer vor ihrem Schaufenster für einen Bettler und will ihm ein Almosen geben – und bei dieser Berührung erkennt sie den Unbekannten, der ihr einst so oft Geld in die Hand gedrückt hatte. Dann folgt ein Dialog, der umso makelloser wirkt, als er sich ohne Ton nur auf Zwischentiteln abspielt:

Sie: *Du?*

Er (nickt): *Kannst du jetzt sehen?*

Sie (drückt seine Hand): *Ja, ich kann jetzt sehen.*

Das ist alles, und es ist wohl eine der perfektesten und bewegendsten Filmszenen nicht nur in Chaplins Werk, sondern überhaupt. Wenn Charlie das Mädchen in diesem Augenblick völlig selbstlos und unsagbar glücklich ansieht, scheint die Welt stillzustehen. Man hat diesen Augenblick »the highest moment in the movies« genannt. Mehr ist dazu nicht zu sagen. Wem dabei nicht die Tränen in den Augen stehen oder wem das gar zu sentimental ist, der ist für das Kino verloren. Chaplin beweist in *Lichter der Großstadt*, dass er uns in seiner Paraderolle als »Tramp« nicht nur zum Lachen, sondern auch zum Weinen bringen kann.

»James! Den Rolls-Royce. Wir trinken die Stadt leer!«

Lichter der Großstadt

Originaltitel City Lights (USA 1931)
Regie Charles Chaplin
Darsteller Charles Chaplin (Tramp), Virginia Cherrill (blindes Mädchen), Harry Myers (Millionär), Florence Lee (Großmutter), Allan Garcia (Butler)
Drehbuch Charles Chaplin
Laufzeit 87 Minuten
Altersfreigabe ab 6

Magnolia

Magnolia ist ein Film, der auch dann noch in Staunen versetzt, wenn man ihn mehrmals gesehen hat. Er dauert über drei Stunden, und keine Sekunde davon ist zu viel. In einer grandios verschachtelten Erzählstruktur verknüpft Paul Thomas Anderson (der erst 30 Jahre alt war, als er den Film drehte) souverän die Schicksale von neun Hauptfiguren aus dem San Fernando Valley in Kalifornien. Sein kunstvoll geflochtener Episodenfilm spielt an einem Tag und in einer Nacht, und es geht in all diesen Geschichten vor allem um Schuld, Reue und Vergebung. (»Wir haben mit der Vergangenheit abgeschlossen, aber die Vergangenheit nicht mit uns.«) Es geht um die Sünden der Väter und um die Kinder, die dafür büßen müssen. Und es geht um die unauslöschliche Sehnsucht der Menschen, geliebt zu werden.

Der TV-Produzent Earl Partridge (Jason Robards) liegt im Sterben. Sein letzter Wunsch ist es, noch einmal seinen Sohn Frank T. J. Mackay (Tom Cruise) zu sehen, der vor Jahren mit seinem Vater gebrochen hat. Earls selbstlosem Pfleger Phil (Philip Seymour Hoff-

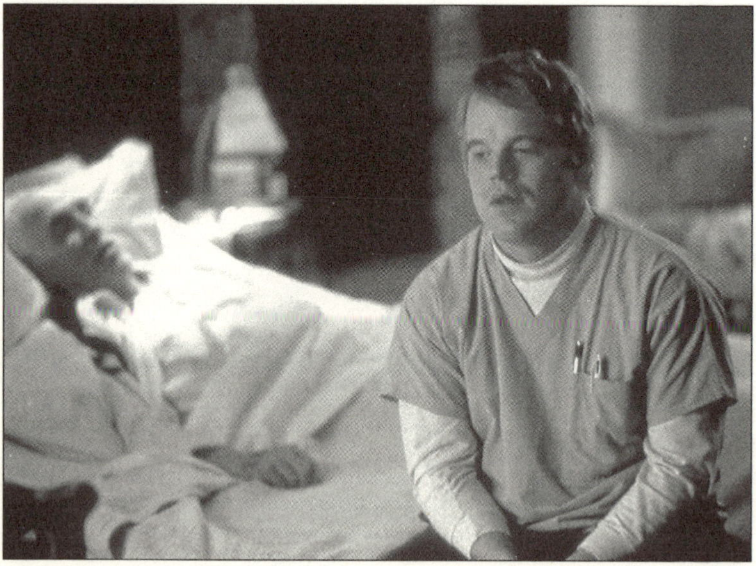

mann) gelingt es, Frank ausfindig zu machen, der den Hass auf den Vater in Aggressivität gegen Frauen umgewandelt hat: Frank ist ein erfolgreicher Sex-Guru, der als Super-Macho mit dem Trainingsprogramm »Verführe und zerstöre« das Selbstbewusstsein frustrierter Männer aufpeitscht. Earls zweite Frau Linda (Julianne Moore) wird von Scham zerfressen: Sie hat ihren Mann einst nur wegen des Geldes geheiratet und ihn ständig betrogen. An seinem Sterbebett erkennt sie, dass sie ihn doch liebt – und dass es nun zu spät ist. Sie hat die Jahre mit ihm vergeudet. Um ihre Affären zu sühnen, will sie sich jetzt enterben lassen.

Earls erfolgreichste Show wiederum ist ein Quiz, in dem Kinder gegen Erwachsene antreten. Vor dreißig Jahren wurde Donnie Smith (William H. Macy) durch diese Sendung zum gefeierten Kinderstar. Doch das Wunderkind hat seinen Weg in die Welt der Erwachsenen nie gefunden. Donnie verliert seinen Job in einem Elektronikgeschäft, erklärt einem schwulen Barmann seine aussichtslose Liebe und raubt den Tresor seines Chefs aus, um sich eine Zahnspange leisten zu können. Wie einst Donnie soll der hochbegabte Teenager Stanley Spector (Jeremy Blackman) für seinen ehrgeizigen Vater Fernsehruhm erlangen – und gutes Geld gewinnen. Moderator der Show ist Jimmy Gator (Philip Baker Hall), der wie Partridge an Krebs leidet und nur noch zwei Monate zu leben hat. Auch er will sich mit seinem Kind aussöhnen, doch seine drogensüchtige Tochter Claudia (Melora Walter) jagt ihn wütend aus der Wohnung. Schließlich verliebt sich der herzensgute, etwas einfältig und schwerfällig wirkende Cop Jim Kurring (John C. Reilly) in Claudia – die seine Gefühle erwidert.

»Ich habe viel Liebe zu geben. Ich weiß nur nicht, wohin damit.«

Alle Erzählstränge, die parallel verlaufen und sich immer wieder berühren oder kreuzen, kreisen um die Frage, ob Versöhnung und ein Neuanfang möglich sind. Claudia will von ihrem Vater nichts mehr wissen: Der Schmerz und der Hass, die sie ihm entgegenschleudert, erzählen eine eigene Geschichte – die des sexuellen Missbrauchs. Für diesen Vater wird es keine Vergebung geben, weil er auch im Angesicht des Todes sein Vergehen nicht eingestehen will. Am Ende bleibt er ganz allein, seine Frau verlässt ihn. Aber die Anstrengungen seiner Tochter, trotz ihrer Drogenabhängigkeit so etwas wie Glück zu finden, könnten vielleicht noch gelingen. Ihr gehört die letzte Einstellung des Films – ein halbes Lächeln, weil Jim ein Maß an Geduld und innerer Stärke besitzt, das ihr den Mut gibt zu hoffen.

Kurzinhalt

Ein Tag und eine Nacht im Leben von neun Personen aus dem kalifornischen San Fernando Valley, deren Schicksale mehr oder weniger miteinander verknüpft sind. In episodischer Struktur entfaltet sich eine Fülle von Geschichten, in denen es immer wieder um die Schuld der Väter geht und die Kraft ihrer Kinder, ihnen zu verzeihen.

»Du mieses Arschloch, geh nicht weg... du mieses Arschloch, geh nicht weg«, heult Frank, als er neben seinem sterbenden Vater sitzt. Ein verlorener Sohn, der vom Vater verlassen wurde, als er 14 war, und sich dafür an den Frauen rächt, kehrt zurück – und sein Seelenpanzer bricht auf, die Wunde beginnt zu heilen. Andere bluten weiter. Das Kinderquiz-Genie Stanley, den sein Vater als Geldmaschine benutzt, ist auf dem besten Wege, eine ebenso verkorkste Laufbahn einzuschlagen wie Donnie Smith. »Du musst netter zu mir sein«, lautet sein Hilferuf an den Vater – doch der schickt seinen Jungen einfach ins Bett.

Magnolia hat eine dramatische Wucht, die noch lange nachwirkt, weil dieser Film jeder Figur Zeit gibt, eine schmerzhafte Wahrhaftigkeit zu entfalten. Sie ringen alle um Liebe und Erlösung und stellen damit die entscheidende Frage, was im Leben und im Sterben wirklich zählt. Paul Thomas Andersons Blick auf diesen Figurenreigen bleibt dabei – trotz der surrealen, irrwitzigen Momente des Films – vor allem ein barmherziger, der um die Leiden und Lasten der Menschen weiß. Neben der Meisterschaft des Regisseurs, bei dieser Geschichten-Jonglage so viele Bälle gleichzeitig in der Luft zu halten, fasziniert an *Magnolia* besonders die Musik von Aimee Mann. Von Beginn an bestimmt sie das Tempo des Films wesentlich mit, treibt ihn voran und trägt ihn kraftvoll bis zum Schluss.

Und dieser Schluss hat es in sich, denn hier ereignet sich eines der bizarrsten Naturschauspiele, die je im Kino zu sehen waren: Mitten in der langen Nacht der Geständnisse hagelt es Kröten vom Himmel, Unmengen, wie in einer biblischen Plage. Es ist eine atemberaubende, bestürzende Szene. Wie das Jüngste Gericht bricht dieses gewaltige Frosch-Gewitter über die Menschen herein – und wirkt doch im besten Sinne reinigend, kathartisch, weil es alle Figuren zwingt, innezuhalten. Danach erscheint die Welt wieder neu, und die Lebenden bekommen eine zweite Chance.

Kurzwertung

Virtuos inszeniertes, emotionsgeladenes und bildgewaltiges Drama, das mehrere bewegende Familienschicksale zusammenführt.

Themen

Vater-Kind-Beziehung, Schuld, Vergebung, Glück

Magnolia

Originaltitel	Magnolia (USA 1999)
Regie	Paul Thomas Anderson
Darsteller	Tom Cruise (Frank T. J. Mackay), Philip Baker Hall (Jimmy Gator), Philip Seymour Hoffmann (Phil Parma), William H. Macy (Donnie Smith), Julianne Moore (Linda Partridge), Jason Robards (Earl Partridge), John C. Reilly (Jim Kurring)
Drehbuch	Paul Thomas Anderson
Laufzeit	189 Minuten
Altersfreigabe	ab 12

Marvins Töchter

In Nahaufnahme streift die Kamera durch eine zerklüftete Landschaft aus unzähligen Pillenfläschchen, Tablettendosen, Cremetuben und allerlei medizinischem Zubehör. Es ist Marvins Reich, denn Marvin »liegt seit fast 20 Jahren im Sterben« – und wird seit dieser Zeit aufopferungsvoll von seiner Tochter Bessie (Diane Keaton) gepflegt. Doch Bessie muss sich nicht nur um ihren ans Bett gefesselten Vater kümmern, sondern auch um ihre senile Tante Ruth, die allein nicht mehr zurechtkommt. Diese Aufgabe nimmt Bessie völlig in Anspruch, eigene Lebenspläne und Wünsche hat sie ganz zurückgestellt. Und doch scheint Bessie ihren Pflegedienst nicht als zermürbende Last zu empfinden: Alle ihre Gesten, Blicke und Worte zeugen davon, wie sehr sie ihren Vater liebt.

Doch dann erfährt Bessie von ihrem Hausarzt Dr. Wally, dass sie an Leukämie erkrankt ist. Nur eine rechtzeitige Knochenmarkstransplantation kann sie vor einem frühzeitigen und schmerzvollen Tod bewahren. Als Spender kommen ausschließlich enge Fami-

lienangehörige in Frage. Deswegen nimmt Bessie Kontakt zu ihrer Schwester Lee (Meryl Streep) auf, von der sie seit 20 Jahren nichts gehört hat und auch nichts hören wollte. Lee bricht mit ihren beiden Söhnen, dem rebellischen Hank (Leonardo DiCaprio) und dem stillen, lesehungrigen Charlie, nach Florida auf, um sich und ihre Kinder testen zu lassen. Der allein erziehenden Mutter macht vor allem Hank zu schaffen: Er hat vor kurzem das gemeinsame Haus in Brand gesetzt und ist darum in der Psychiatrie gelandet. Die große Leerstelle in Hanks Leben ist sein Vater, an den er sich kaum erinnert und der in seinen Wunschphantasien zu einem bekannten Rennfahrer wird. Aber die Wahrheit ist sehr viel schmerzhafter: Lee hat ihren Mann verlassen, weil er seine Kinder misshandelte.

Das erste Wiedersehen der Schwestern lässt ihre Unterschiedlichkeit und die Entfremdung zwischen ihnen spürbar werden: »Oh Gott«, wird Lee von Bessie begrüßt, »bist du wirklich schon so alt? Wie alt muss ich dann erst sein?« Die pflichtbewusste Bessie hat in ihrem Leben auf viele persönliche Bedürfnisse verzichtet, während für Lee Unabhängigkeit immer das Wichtigste war (»Ich habe nicht vor, mein Leben zu verschwenden«) – auch wenn ihr dabei nicht viel gelungen ist. Beiden fällt es schwer, Verständnis für den Lebensentwurf der anderen aufzubringen. Lee wird in ihrem Elternhaus mit Verfall und Vergänglichkeit konfrontiert: Tief ist das Erschrecken, als sie zum ersten Mal ihren hinfälligen Vater erblickt, der sich seit seinem Schlaganfall nicht mehr verständlich machen kann. Weil sie Krankheit vor allem als Bedrohung ihrer Freiheit empfindet, fragt sie ihre Schwester: »Wünschst du dir nicht manchmal, dass er stirbt?«

»Goofy hat mich ins Haus von Mickey Maus gebracht?«

Eine Woche wollen Lee, Hank und Charlie in Florida bleiben – es werden Tage der Annäherung. Lee öffnet allmählich ihr Herz für die tapfere, selbstvergessene Schwester, nachdem sie Bessie ohne

Perücke gesehen hat – und Bessie offen ihre Angst vor dem Sterben zeigt. Bessie wiederum findet Zugang zu dem widerspenstigen Hank, der sich zunächst weigert, sich von Dr. Wally untersuchen zu lassen. Ihre Fähigkeit, Hank ernst zu nehmen und ihm zu vertrauen, berührt den abweisenden Jungen. Und Hank gelingt es, Bessie wieder etwas näher an Spontaneität und unbeschwerte Lebensfreude heranzuführen.

Kurzinhalt

Bessie kümmert sich seit 20 Jahren um ihren bettlägerigen Vater Marvin. Doch dann erkrankt sie selbst an Leukämie. Nur eine Knochenmarkstransplantation kann sie retten. Da als Spender ausschließlich enge Familienmitglieder in Frage kommen, nimmt Bessie nach langjähriger Funkstille wieder Kontakt zu ihrer Schwester Lee auf. Die reist mit ihren beiden Söhnen nach Florida. Bessies Erkrankung führt die beiden entfremdeten und ungleichen Schwestern allmählich wieder zueinander.

Das alles wird nun aber nicht mit einem trauerschweren Grundton erzählt, mit dem Glockenschlag der Todesnähe, sondern mit viel warmherzigem Humor. Dazu tragen besonders die schrulligen Gestalten von Tante Ruth und Dr. Wally bei. Jerry Zaks liefert trotz einer emotionsgeladenen, ernsten Thematik kein tränenreiches Rührstück ab, sondern ein ebenso einfühlsames wie ehrliches Kammerspiel, das immer wieder eine erfrischende Leichtigkeit gewinnt.

Kurzwertung

Einfühlsames, unpathetisches Familiendrama, das mit warmherzigem Humor die Kraft der Liebe aufleuchten lässt.

Themen

Familie, Krankheit, Pflege, Selbstlosigkeit, Lebensplanung

Die Ergebnisse der Tests sind negativ: Keiner der Verwandten eignet sich als Knochenmarksspender. Der Film endet offen – niemand stirbt, niemand wird wunderbar gerettet, es zeichnet sich keine Lösung ab. Und doch hat sich viel ereignet und auch verändert. Eine Familie findet wieder zueinander, erlebt, dass einer dem anderen Halt und Kraft geben kann. Eine der letzten Szenen zeigt Lee, die sich durch die Medikamentenliste ihres Vaters arbeitet – und damit beginnt, sich ihrer

Verantwortung als Tochter zu stellen. Vor allem erkennt sie, dass Bessie mit ihrer Entscheidung, ganz für andere da zu sein, ihr Leben keineswegs verschleudert hat. »Es gab so viel Liebe in meinem Leben«, sagt Bessie zu ihrer Schwester. »Ja«, antwortet Lee, »Vater und Tante Ruth haben dich furchtbar gern.« »Nein, so hatte ich das nicht gemeint. Ich meinte, dass ich sie so sehr liebe.« Bessie empfindet ihr Leben als reich und erfüllt. Sie sieht sich als Beschenkte. »Ich bin glücklich, dass ich jemanden hatte, den ich so sehr lieben durfte.«

	Marvins Töchter
Originaltitel	Marvin's Room (USA 1996)
Regie	Jerry Zaks
Darsteller	Meryl Streep (Lee), Diane Keaton (Bessie), Leonardo DiCaprio (Hank), Robert De Niro (Dr. Wally), Hume Cronyn (Marvin)
Drehbuch	Scott McPherson
Laufzeit	98 Minuten
Altersfreigabe	ab 6

Mission

Ein Mann wird von Eingeborenen an ein Holzkreuz gefesselt und durch den Urwald getragen. Er ist kein Indio, denn er trägt eine Hose, und auf seinem nackten Oberkörper fehlt jede Bemalung. Es ist ein Missionar. Am Fluss angekommen, werfen ihn die Eingeborenen ins Wasser, auf dem er langsam davontreibt. Dann wird der Fluss immer unruhiger, schneller, wilder, bis tosender Donner zu hören ist – und der Gekreuzigte in die Tiefe stürzt, die faszinierend schönen, monumentalen Wasserfälle von Iguazú hinab in den sicheren Tod.

Mitte des 18. Jahrhunderts im Grenzgebiet zwischen Paraguay, Argentinien und Brasilien: Die Jesuiten haben im Zuge ihrer Missionierung der Indios seit 1609 einen eigenen Staat errichtet. Doch Spanien und Portugal ziehen die Grenzen ihrer Kolonien auf dem südamerikanischen Kontinent neu, und der Papst schickt seinen Gesandten, Kardinal Altamirano, um die Jesuiten dazu zu bringen, sich den neuen portugiesischen Herren unterzuordnen. Die Kirche

hat Angst vor den iberischen Königshäusern, die damit drohen, den Jesuitenorden in Europa zu zerschlagen. Dass die im Jesuitenstaat lebenden Indios dann den portugiesischen Sklavenhändlern (die Spanier kannten keine Sklaverei) zum Opfer fallen, nimmt die päpstliche Politik in Kauf.

Pater Gabriel (Jeremy Irons) ist einer jener jesuitischen Missionare, die in den unberührten Dschungel vordringen, um dem Stamm der Guaraní die Botschaft des Evangeliums zu bringen. Er ist der Nachfolger des in der Eingangsszene ans Kreuz gebundenen Priesters – und seine einzige Waffe ist eine Klarinette. Vom Zauber seiner Musik betört, senken die Guaraní die auf ihn gerichteten Pfeile. Die fremde, abgerissene Gestalt, die selbstlose Liebe und Brüderlichkeit nicht nur predigt, sondern auch lebt, gewinnt das Vertrauen der Indios. Oberhalb der Wasserfälle, geschützt vor der Zivilisation der weißen Kolonialherren, baut Pater Gabriel die Missionsstation San Carlos auf, die bald zu den blühendsten Siedlungen der Jesuiten gehört.

»Sie müssen sich dem Willen Gottes unterordnen. Sagen Sie ihnen das.«

Einer der wenigen, die hierher vordringen, ist der Sklavenjäger Rodrigo Mendoza (Robert De Niro). Nach der Rückkehr von einem Raubzug muss er erkennen, dass die Frau, die er liebt, seinem Bruder Felipe ihre Gunst erweist. In rasender Eifersucht ersticht der jähzornige Söldner Felipe. Monate später trifft Pater Gabriel ihn in einem Kerker – ein gebrochener Mann in verzweifeltem Schmerz, hoffnungslos angesichts der Schuld, die er auf sich geladen hat. Doch Pater Gabriel gelingt es, ihn herauszufordern: Er soll seine eigene Buße wählen. Mendoza macht sich mit dem Pater auf den Weg zurück zur Missionsstation. In einem Netz schleppt er seine zentnerschweren Waffen samt Rüstung durch den Dschungel und quält sich unter Todesgefahr die Wasserfälle hinauf – dorthin, wo er die Guaraní gejagt hat.

Selten ist im Kino ein eindringlicheres Symbol für die Last der Schuld gefunden worden als dieses Bündel, das der Brudermörder an dicken Seilen bis zur völligen Erschöpfung hinter sich her zerrt. Als die Indios Mendoza erkennen, setzt ihm einer von ihnen ein Messer an die Gurgel – aber anstatt ihn zu töten, schneidet er die Seile durch und wirft den Mühlstein des Menschenjägers die Klippen hinab. Es ist ein überwältigender Moment in diesem Film, sein eigentliches Zentrum, und ein großartiges Bild für Vergebung. Der zu Boden gesunkene Mendoza blickt sich um und beginnt zu weinen. Doch die Indios lachen, Pater Gabriel nimmt ihn in die Arme, und dann lacht auch er, endlich, endlich befreit. Diese wundervolle Szene lässt wie kaum eine andere in der Filmgeschichte das Glück des Erlösten spürbar werden – ein Moment, in dem die Zeit stillsteht, weil der Mensch an sein Ziel gekommen ist.

Kurzinhalt

Mitte des 18. Jahrhunderts schließt sich ein reuiger Sklavenhändler einem Jesuitenpater an, der eine Missionsstation im südamerikanischen Dschungel aufgebaut hat. Aus kirchenpolitischen Gründen will der Papst die dort lebenden Indios den portugiesischen Kolonialherren überlassen. Die Jesuiten erhalten den Befehl, die Mission aufzugeben. Es kommt zu einem Kampf, bei dem die Missionare und Ureinwohner niedergemetzelt werden.

Der bekehrte Mendoza schließt sich den Jesuiten an. Doch die Tage von San Carlos sind gezählt, als Kardinal Altamirano erscheint: Obwohl ihn die Schönheit der Missionsstation überwältigt, vollstreckt er pflichtgemäß das Urteil der päpstlichen Diplomatie. Die Jesuiten haben zu gehorchen und den Portugiesen ihre Missionen zu übergeben. Doch Pater Gabriel und Mendoza weigern sich und kämpfen, jeder auf seine Weise, um die Existenz der Mission und die

Kurzwertung

Visuell beeindruckendes, emotional packendes Leinwandepos über Schuld, Vergebung und die Bereitschaft zum Opfer.

Themen

Mission, Sklaverei, Schuld, Vergebung, Kirchenpolitik

Freiheit der Indios. Es ist ein aussichtsloser Kampf, der in einem Massaker endet.

Roland Joffés Film erzählt eine authentische Geschichte: Das Gemetzel unter den Guaraní ist historisch bezeugt. 1756 fielen ihm ca. 1400 Indios zum Opfer. Drei Jahre danach wurde der Jesuitenorden in Portugal verboten, 1767 auch in Spanien, und kurze Zeit später wurden die Jesuiten ganz aus Lateinamerika vertrieben. *Mission* ist eine aufregende Geschichtsstunde, die klar Standpunkt bezieht gegen die himmelschreienden Grausamkeiten der europäischen Eroberer Südamerikas. Sie endet mit einer Botschaft an die Kirche. Kardinal Altamirano schreibt zum Schluss an den Papst: »Euer Heiligkeit, nun sind Eure Priester tot, und ich lebe. Aber in Wahrheit bin ich es, der tot ist, und sie leben. Denn wie Ihr wisst, Euer Heiligkeit, lebt der Geist der Toten in der Erinnerung der Lebenden weiter.«

	Mission
Originaltitel	**The Mission (Großbritannien 1986)**
Regie	**Roland Joffé**
Darsteller	**Jeremy Irons (Pater Gabriel), Robert De Niro (Rodrigo Mendoza), Ray MacAnally (Kardinal Altamirano), Liam Neeson (Fielding), Aidan Quinn (Felipe)**
Drehbuch	**Robert Bolt**
Laufzeit	**125 Minuten**
Altersfreigabe	**ab 12**

Moonlight Mile

Ein junger Mann erwacht aus einem Alptraum. Das Zimmer, in dem er liegt, ist ihm fremd. »Wie bin ich hier hineingeraten«, schreiben seine fahrigen Bewegungen in die Luft, »und wie komme ich hier wieder raus?« Später wird er sich in einen schwarzen Anzug zwängen, während sich ein älterer Mann rasiert und dessen Frau mit dunkler Sonnenbrille die Treppe herunterkommt. Der junge Mann heißt Joe Nast (Jake Gyllenhaal), und das Ehepaar sind seine Schwiegereltern Ben (Dustin Hofmann) und Jojo Floss (Susan Sarandon) – seine Beinahe-Schwiegereltern.

Moonlight Mile spielt im Jahre 1973 in Cape Anne, einer fiktiven Kleinstadt im Staat Massachusetts. Der 24-jährige Joe sieht seine Zukunftspläne unversehens über den Haufen geworfen, weil seine Verlobte Diane drei Tage vor der geplanten Hochzeit zufälliges Opfer eines schießwütigen Psychopathen wird. Dennoch ist Joe auch nach der Trauerfeier bereit, in die Rolle zu schlüpfen, die ihm ursprünglich zugedacht war: die des pflichtbewussten Fast-Schwiegersohns von Ben und Jojo. Er will es allen recht machen und niemanden enttäu-

schen – deswegen bleibt er zunächst bei den trauernden Eltern, bezieht ein Zimmer in ihrem Haus und wird Bens Partner in dessen Immobiliengeschäft.

Sehr einfühlsam und mit viel trockenem Humor zeigt Brad Silberling nun, wie alle drei mit dem Verlust von Diane umgehen und versuchen, ihr Leben wieder in den Griff zu bekommen. Die Mutter, eine Schriftstellerin, flüchtet in bissige Bemerkungen über die Beileidsbekundungen der Trauergäste: »Der einzige Ehrliche hier«, erklärt sie sarkastisch, als ihr Hund einer Kondulierenden auf die Schuhe kotzt. Der Vater begräbt seinen Schmerz unter Betriebsamkeit und verbeißt sich in die Hoffnung, dass es ihm Genugtuung bringt, wenn der Täter vor Gericht zum Tod verurteilt wird. Der Verlobte wiederum wirkt einfach nur beklommen – erst später wird man erfahren, dass dahinter mehr steckt als nur Unbeholfenheit, mit der Situation zurechtzukommen. Dass die Hochzeit nicht stattgefunden hat, hält Ben und Jojo nicht davon ab, den lethargischen, weil überforderten Joe zu vereinnahmen. Alles soll der rührende Junge dem ungleichen Paar ersetzen: die Tochter und den Sohn, den Ben nie hatte und der in sein Geschäft einsteigt, das Bücherschreiben, weil Jojo seit dem Tod von Diane unter einer Schreibhemmung leidet, die verlorene Jugend.

»Er wärmt mir seit 31 Jahren den Hintern im Bett.«

Joe bewegt sich durch diese Geschichte, als wäre es nicht wirklich seine eigene, gleichsam überrollt von der Dynamik einer Entwicklung, die ihn zum Lügner und Retter gleichermaßen werden lässt. Denn Joe hat ein Geheimnis, und es zu enthüllen hieße, Ben und Jojo noch mehr Schmerzen zuzufügen. Er verliebt sich unerwartet in Bertie (Ellen Pompeo), eine Postangestellte, die sich außerdem um die Bar ihres seit drei Jahren in Vietnam vermissten Freundes kümmert. Sie rundet das Ensemble der Trauernden ab. Joe ist hin- und hergerissen: Soll er sich weiterhin selbstlos stellen oder die Maskerade beenden und dem Ruf seines Herzens folgen?

Wer bei *Moonlight Mile* einen Film erwartet, der aufgrund seiner Thematik mit melodramatischen Gefühlsausbrüchen und erhöhtem Taschentuchverbrauch aufwartet, wird überrascht sein. Brad Silberling, der das Drehbuch nach einem autobiografischen Vorfall verfasste, erzählt seine in ihrer Grundkonstellation melancholisch-ernste Geschichte in eher lakonischem Tonfall und scheut sich nicht, beißenden Witz und skurrile Momente beizumischen. Ben, Jojo und Joe erleben die befreiende Wirkung, die ein unvermitteltes, noch nicht einmal beabsichtigtes Lachen nach Tagen der inneren Anspannung auslösen kann. Es hilft ihnen, den Schmerz auszuhalten. Aber ihre tapfer zur Schau getragene Gefasstheit bleibt ein Damm, der immer wieder zu brechen droht, weil er von sehr verwirrenden und auch widersprüchlichen Emotionen unterspült wird.

Moonlight Mile erzählt davon, wie schwer es sein kann, sich dem Schmerz hinzugeben, wenn man einen geliebten Menschen verloren hat – und wie ungeschickt Verwandte und Freunde oft sind bei ihren hilflosen Versuchen, Trost zu spenden. Trauer ist ein lebenslanger Prozess, der nur gelingt, wenn man sich dabei den beiden wichtigsten Herausforderungen stellt: loslassen und erinnern. Brad Silberling zeigt nicht, wie sich alle damit abfinden, dass Diane nicht wiederkommt. Das ist bereits geschehen, als der Film beginnt. Sie finden sie wieder – die Erinnerungen und Gefühle, die Diane in

Kurzinhalt

Ein kleines Städtchen in Massachusetts, 1973: Wenige Tage vor ihrer Hochzeit wird eine junge Frau zufälliges Opfer eines Mordschützen. Der zukünftige Ehemann Joe Nast fühlt sich verpflichtet, bei den Eltern Ben und Jojo Floss zu bleiben, und steigt sogar halbherzig in das Immobiliengeschäft seines Beinahe-Schwiegervaters ein. Doch dann verliebt er sich in die Postangestellte Bertie…

Kurzwertung

Beziehungsdrama über den Verlust eines geliebten Menschen, feinfühlig ausbalanciert zwischen Trauer und Komik, zurückhaltend und psychologisch glaubwürdig erzählt.

Themen

Tod, Verlust, Abschied, Trauer, Lebensmut

ihnen weckt. Das kann ihnen nicht genommen werden, es bleibt unvergänglich. Jojo beginnt über ihre Tochter zu schreiben. Ben gibt seine Firma auf und seinen Schwiegersohn in spe frei – er lässt ihn mit Bertie ziehen. Auch wenn der Schmerz bleibt, sind vier Menschen am Ende bereit zu einem Neuanfang: Sie nehmen das eigene Leben wieder in den Blick und in die Hand.

	Moonlight Mile
Originaltitel	Moonlight Mile (USA 2002)
Regie	Brad Silberling
Darsteller	Jake Gyllenhaal (Joe Nast), Dustin Hofmann (Ben Floss), Susan Sarandon (Jojo Floss), Holly Hunter (Mona Camp), Ellen Pompeo (Bertie Knox)
Drehbuch	Brad Silberling
Laufzeit	117 Minuten
Altersfreigabe	ab 12

Ponette

Wenn der Film beginnt, ist die Katastrophe schon passiert. Ponette, vier Jahre alt, lutscht an ihrem Daumen, der Arm steckt in einem Gips. »Ich werd' dir einen kleinen Hund auf den Gips malen«, sagt der Vater – und erzählt ihr dann, dass es ihrer Mama gar nicht gut geht und die Ärzte glauben, dass sie sterben wird. Wenig später ist es dann Gewissheit: Während Ponette mit dem Schrecken und einem gebrochenen Arm davonkommt, überlebt ihre Mutter den Autounfall nicht, den sie selbst verursacht hat. Jacques Doillons Film taucht ein in Ponettes grenzenlose Trauer, in ihre unauslöschliche Sehnsucht nach der Mutter, in die Gefühls- und Gedankenwelt eines kleinen Kindes, das eine traumatische Verlusterfahrung verarbeiten muss.

Ponette ist ein Film über den Tod, der sein Thema wie selbstverständlich aus der Kinderperspektive behandelt. Die Kamera bleibt ganz dicht bei den jungen Hauptdarstellern und ist immer auf ihrer Augenhöhe. Das bedeutet, dass wir von den Erwachsenen oft nur die Unterkörper sehen. Konsequent fehlen jegliche Dialoge zwischen »den Großen«. Sie meinen es natürlich alle gut, aber Gespräche, welche die Kinder wirklich erreichen, gibt es nur selten. Stattdessen zeigt Jacques Doillon mit viel Geduld und großem Einfühlungsvermögen, wie Kinder miteinander über den Tod und die Toten reden, was sie über Gott denken und wie sie zu ihm beten, wie sie sich selbst und auch gegenseitig trösten.

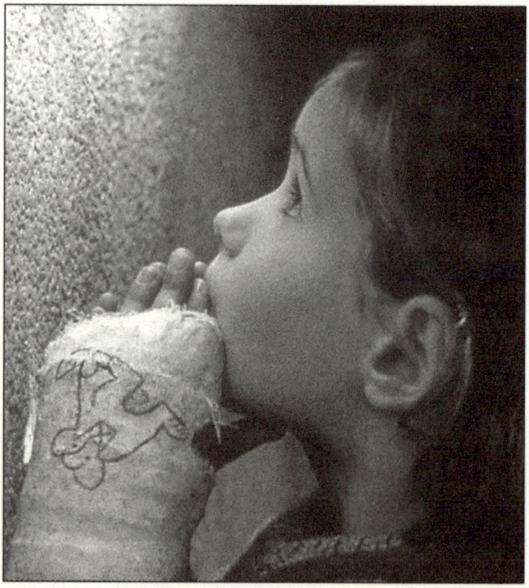

Ponette wird von ihrem Vater vorübergehend zu ihrer Tante Claire gebracht. Die erzählt ihr die Ostergeschichte und davon, dass alle Toten auferstehen werden. Ja, aber wann? Ponette möchte ihre Mutter jetzt wiederhaben. Sie will die Heilsbotschaft im Fall ihrer Mutter sofort umgesetzt sehen. Von nun an wartet sie nicht nur beharrlich auf ihre Rückkehr von den Toten, sondern sucht auch ebenso unbeirrt nach der Mutter. Ponette fleht zu Gott und hat nur den einen Wunsch: wieder mit ihr vereint zu sein. Damit er in Erfüllung gehen kann, ist sie bereit, in einem Sommercamp eine Reihe von Mutproben zu bestehen. Doch auch diese Anstrengungen bleiben ergebnislos. Gott antwortet nicht auf ihre Gebete. »Gott ist gegen mich«, lautet Ponettes Schlussfolgerung. »Er ist verärgert und sogar wütend.« Schließlich ist sie so verzweifelt, dass sie sterben will – um bei ihrer Mutter sein zu können.

»Ta-li-tha kum!«

Die Erwachsenen sind genauso vom Tod überfordert, vor allem Ponettes Vater. Seine hilflose Trauer hat sich in Wut verwandelt. »Willst du noch lange auf deine Mutter warten?«, schimpft er mit seiner Tochter. Auch er kann mit der Ohnmacht angesichts des Unwiderruflichen nicht umgehen. Was die gläubige Claire dem Mädchen über Jesus und seine Auferstehung berichtet, hält er für Unfug. Er will, dass Ponette den Tod der Mutter »akzeptiert« – und fordert damit von seiner Tochter eine Stärke, die er selbst nicht aufbringt. Weil er selbst nicht weiß, wie er um seine Frau trauern soll, kann er auch Ponette nicht zugestehen, auf ihre ganz eigene kindliche Weise mit diesem Verlust umzugehen. Ponette muss ihr Leid deswegen allein bewältigen, denn ihr Vater ist dabei kaum ein Halt. Da sind schon eher die anderen Kinder ein Trost, die echtes Mitgefühl zeigen und Solidarität beweisen – besonders

Kurzinhalt

Ponette ist vier Jahre alt, als ihre Mutter bei einem selbst verschuldeten Autounfall ums Leben kommt. Der Verlust ist dem Kind unerträglich. Es spricht mit seiner Mutter und wartet darauf, dass sie von den Toten zurückkehrt. Ponette sucht die Mutter mit zunehmender Hartnäckigkeit; niemand kann sie davon überzeugen, dass sie ihr nie wieder begegnen wird.

Ponettes Cousin, der sie liebevoll mit einer imaginären Salbe einreibt.

Ponette unternimmt einen letzten Versuch: Sie macht sich auf den Weg zum Grab ihrer Mutter, um sie endlich wiederzusehen. Mit ihren kleinen Händen wühlt sie in der frischen Erde und ruft weinend nach unten: »Mama, ich bin da...« *Ponette* ist trotz seiner inszenatorischen Kargheit und einer äußerlich armen Handlung ein Ereignis. Jacques Doillons Kinder flüchten nicht wie die Erwachsenen vor der Trauer, kaschieren sie nicht. Sie lassen sich vorbehaltlos auf das Abenteuer des Glaubens ein, der ihnen Kraft gibt, ihren Schmerz durchzustehen, und der ihnen hilft, sich wieder dem Leben zuzuwenden.

Kurzwertung

Sensibles Seelendrama über die Trauerarbeit eines Kindes mit fast dokumentarischer Realitätsnähe.

Themen:

Kindheit, Verlust, Tod, Trauer

Kinder sind ein Geheimnis, über das man nur staunen kann, flüstert uns Jacques Doillon in seinem Film immer wieder zu. Sie sind ein Wunder, so groß wie das am Ende, als die Mutter tatsächlich vor Ponette steht. »Sie hat mir gesagt, ich soll lernen, glücklich zu sein«, berichtet sie später ihrem Vater. Ponette wird ihre Mutter so in Erinnerung behalten, wie sie ihr am Grab begegnet ist – lebendig, liebevoll, fürsorglich und heiter. Nichts wird dadurch ungeschehen. Aber nun kann die Wunde zu heilen beginnen. Ponette wird wieder lachen.

Ponette

Originaltitel	**Ponette (Frankreich 1996)**
Regie	**Jacques Doillon**
Darsteller	**Victoire Thivisol (Ponette), Matiaz Bureau Caton (Ponettes Cousin), Delphine Schiltz (Ponettes Cousine), Marie Trintignant (Mutter), Xavier Beauvois (Vater)**
Drehbuch	**Jacques Doillon**
Laufzeit	**93 Minuten**
Altersfreigabe	**ab 6**

Schindlers Liste

»Ich war danach so erschüttert, dass ich eine Stunde kein einziges Wort rauskriegen konnte«, hat Billy Wilder, 1933 aus Nazi-Deutschland in die USA emigriert und einer der erfolgreichsten Hollywood-Regisseure, über *Schindlers Liste* geäußert. »Den anderen im Kino ging es genauso – man sah überall nur Taschentücher.« Steven Spielbergs meisterhaftes Holocaust-Drama um den Judenretter Oskar Schindler treffe »mitten ins Herz, noch Monate später kann man den Film nicht vergessen«. *Schindlers Liste* hat sieben Oscars errungen und ist ein »Weltereignis« genannt worden – mit Fug und Recht.

Der Film basiert auf dem dokumentarischen Roman des Australiers Thomas Keneally, der die Rettung von ca. 1100 Krakauer Juden durch den sudetendeutschen Industriellen Oskar Schindler im Herbst 1944 beschreibt. Schindler (Liam Neeson), ein Lebemann und gewiefter Kriegsgewinnler, kommt 1939 im Gefolge der deutschen Wehrmacht nach Krakau und rüstet dort eine bankrotte Tuch- zur Emailwarenfabrik um. Er wirbt Juden als billige Arbeitskräfte an, um Töpfe und Pfannen für die Feldküchen der Wehrmacht herzustellen. Als 1943 das jüdische Ghetto liquidiert wird, schützt Schindler seine

Leute, indem er auf dem Gelände seines Betriebs ein eigenes Arbeitslager einrichtet. 1944 sollen die letzten noch lebenden polnischen Juden zur »Endlösung« nach Auschwitz verfrachtet werden – doch Schindler kauft, sein ganzes Vermögen einsetzend, seine Leute den Nazis ab und bringt sie ins tschechische Brünnlitz. Dort betreibt er pro forma eine Rüstungsfabrik, die in Wahrheit aber keine einzige funktionsfähige Granate produziert. Schindlers jüdische Zwangsarbeiter überleben – auch dreihundert Frauen, die aus Versehen nach Auschwitz deportiert werden. Schindler kann sie freikaufen, rettet sie direkt aus dem Rachen der Hölle.

Kurzinhalt

Oskar Schindler folgt der deutschen Armee nach Polen, um als Unternehmer Geld zu machen. Er rekrutiert billige jüdische Arbeitskräfte und beginnt, sie nach der Auslöschung des Krakauer Ghettos vor deutschem Terror und sicherem Tod zu bewahren. Im Herbst 1944 gelingt es ihm durch Bestechung, nicht nur seine Maschinen ins heimische Sudetenland zu transportieren, sondern auch seine 1100 jüdischen Arbeiter.

Spielberg ist sehr darum bemüht, seinem Film einen dokumentarischen Charakter zu verleihen: *Schindlers Liste* ist an authentischen Schauplätzen und wie historische Filmaufnahmen in Schwarzweiß gedreht. Spielberg setzt vielfach nur die Handkamera ein und verwendet betont nüchterne Wochenschau-Einstellungen; er verzichtet auf eine zusammenhängende Handlung und fügt Episoden zusammen, die sich tatsächlich zugetragen haben.

Es sind Szenen darunter, die dem Zuschauer das Herz abschnüren: die Selektion an der Rampe von Birkenau, wo der rauchende Schlot des Krematoriums buchstäblich den Himmel verdüstert, Exekutionen hilfloser Greise und Kinder, die im Schnee verbluten, der Abtransport der Kinder aus dem Arbeitslager Plaszów, die fröhlich winkend abfahren, während ihre entsetzten Mütter mit Kolbenhieben zurückgedrängt werden. Wer diese peinigenden, in jedem Detail historisch belegten Sequenzen gesehen hat, wird sie nicht mehr los. Sie zeigen Facetten einer unfassbaren Grausamkeit: Frauen, die vor der Selektion Blutstropfen auf ihren Wangen verreiben, um gesünder auszusehen; eine missglückte Erschießung und die Fachsimpelei unter SS-

Schergen über Pistolen und Munition, während ihr Opfer vor ihnen kniet und bei jedem Durchladen, jedem Abdrücken der defekten Waffe den Tod erwartet; ein Lagerraum, in dem sortiert wird, was von den Vertriebenen und Toten übrig blieb – Koffer, Wäsche, Fotografien, Brillen, Zähne.

Oskar Schindler wird von Spielberg nicht als Heiliger oder strahlender Hollywood-Held gezeigt. Er ist NSDAP-Mitglied, geldgierig und geltungssüchtig, ein Frauenheld und Genussmensch, ein Hasardeur und wendiger Opportunist. Doch als er die Liquidierung des Krakauer Ghettos beobachtet, vollzieht sich in ihm eine Wandlung. Bei einem Ausritt mit seiner Geliebten verfolgt er vom Pferd aus das barbarische Geschehen. Inmitten der Schwarzweiß-Szenerie sieht er ein kleines Mädchen in einem roten Mantel, das verschreckt durch das Gemetzel irrt, auf wundersame Weise von den Deutschen übersehen, und sich schließlich in einen Hauseingang verkriecht – ein Moment der Hoffnung, dass es den Mördern entgehen wird. Doch ein Jahr später entdeckt Schindler den roten Mantel wieder – auf einem Karren, der die ausgescharrten Toten des Ghettos zu einer Grube fährt, in der sie verbrannt werden...

»Es ist Hebräisch und heißt übersetzt: ›Wer nur ein Menschenleben rettet, rettet die ganze Welt‹.«

Schindlers Gegenspieler ist der pathologische Lagerkommandant Amon Göth (Ralph Fiennes) – ein unberechenbarer Killer, der seine Unsicherheit durch Alkohol und sadistische Exzesse zu überspielen sucht. Als das Lager Plaszów aufgebaut und mit jüdischen »Untermenschen« gefüllt ist, holt er sich morgens sein Gewehr, geht auf die Veranda seiner Villa, legt an und erschießt den ersten Häftling. Göth ist ein böses, gelangweiltes Kind, das Lager sein täglicher Spielplatz, das Töten seine Droge. Seine absurde Launenhaftigkeit und infantile Quälsucht, sein Narzissmus und das rasende Selbstmitleid verbinden sich zu einem beklemmenden Porträt des durchschnittlichen SS-Mörders.

Spielbergs ergreifender Film endet mit dem Tag der Befreiung. Schindler steht mitten unter »seinen« Juden, um sich von ihnen zu verabschieden. Als sie ihm zum Dank einen Ring übergeben, bricht er weinend zusammen. »Ich habe nicht genug getan«, klagt er sich immer wieder selbst an. Da nimmt ihn Itzhak Stern, sein Geschäftsführer, in den Arm und tröstet ihn: »Sie haben so viel getan…«

Kurzwertung

Die aufrüttelnde Geschichte eines mutigen Mannes – ein Meisterwerk, das jeder gesehen haben sollte.

Themen

Holocaust, Zivilcourage, Mitmenschlichkeit

Ganz zum Schluss, in Farbe, legen die wirklichen »Schindlerjuden«, wacklige alte Leute, begleitet von den Schauspielern, die sie darstellen, nach jüdischer Sitte Steine auf das Grab ihres Retters. Nur viertausend Juden, so erfährt man aus einer Einblendung, leben heute noch in Polen, doch aus den Familien der Geretteten ist ein Volk aus sechstausend Menschen geworden. *Schindlers Liste* hält für alle Zeiten fest, dass die unbegreiflichen Nazi-Gräuel wirklich gesehen sind. Steven Spielberg versteht ihn als »Film der Hoffnung«. »Die Vergangenheit können wir nicht ändern«, sagt er – sein Film will ein Wegweiser für die Zukunft sein.

	Schindlers Liste
Originaltitel	Schindler's List (USA 1993)
Regie	Steven Spielberg
Darsteller	Liam Neeson (Oskar Schindler), Ben Kingsley (Itzhak Stern), Ralph Fiennes (Amon Göth), Caroline Goodall (Emilie Schindler), Jonathan Sagalle (Poldek Pfefferberg)
Drehbuch	Steven Zailian
Laufzeit	195 Minuten
Altersfreigabe	ab 12

Shadowlands

Oxford, Anfang der 50er Jahre. Nostalgisch verklärt erscheint die Zeit, idyllisch der Ort. C. S. Lewis (Anthony Hopkins), genannt Jack, Englisch-Professor und erfolgreicher Kinderbuchautor, unterrichtet im altehrwürdigen Magdalen-College und lebt mit seinem Bruder Warnie in einem gemütlichen kleinen Haus. An Sherlock Holmes und Dr. Watson erinnern die beiden alten Knaben, die des Nachts mit Wärmflaschen ins Bett gehen, weil das schnucklige Cottage nicht geheizt ist.

Der angesehene Hochschullehrer veranstaltet mit seinen Kollegen gerne verschrobene, oftmals elegante Wortgefechte. Auf alle Fragen scheint er eine entwaffnende Antwort zu haben. Er findet als Schriftsteller (neben seinen *Narnia*-Chroniken sind vor allem die *Dienstanweisungen an einen Unterteufel* und die *Perelandra*-Trilogie bekannt) und Redner weite öffentliche Resonanz, verschanzt sich aber andererseits hinter den Mauern eines traditionsbewussten akademischen Lebensstils. Richard Attenboroughs Film (der auf einer authentischen Geschichte basiert) erzählt nun, wie Lewis sich aus seinem wohlgeordneten Gedankenparadies ins Leben hinauswagt.

Es beginnt mit den offenherzigen Leserbriefen einer eifrigen Verehrerin, der Amerikanerin Joy Gresham. Wenig später lernt Jack

die impulsive und freimütige Frau kennen. Mit ihrem neunjährigen Sohn Douglas verbringt sie Weihnachten im Haushalt der Lewis-Brüder. Die 17 Jahre jüngere Dichterin erweist sich dem wortgewandten Mittfünfziger als ebenbürtig: Sie durchschaut seine Ausweichmanöver, wenn er auf ihre direkten Fragen aus einem seiner Bücher zitiert, statt wirklich offen zu sein. Aber gerade ihre freche, frische Art fasziniert den debattierfreudigen Literaturdozenten – endlich ein ernst zu nehmender Gegner, die Voraussetzung zu einer tiefen Freundschaft.

Kurzinhalt

Der englische Literaturprofessor und Schriftsteller C. S. Lewis erlebt mit der Amerikanerin Joy Gresham eine späte Liebe. Als sie unheilbar an Knochenkrebs erkrankt, wird sein Glaube auf eine harte Probe gestellt.

Um Joy und ihrem Sohn den Aufenthalt in England zu ermöglichen, nimmt Lewis sogar den Freundschaftsdienst auf sich, sie standesamtlich zu heiraten. Es ist eine rein »technische Heirat«, wie der zukünftige Ehemann seinen überraschten Bruder beruhigt: Joy behält ihren Namen, niemand erfährt etwas von der Eheschließung, sie lebt weiterhin in London, eine Zugstunde von ihrem Gatten in Oxford entfernt. Und alles ist, »als wäre es nie geschehen«.

Erst als es sehr ernst wird und fast zu spät ist – Joy erkrankt an Knochenmarkskrebs und liegt im Sterben –, kann Jack zaghaft sich und ihr seine Liebe eingestehen. Bislang hat er persönliche Bindungen gemieden – um nicht noch einmal einen so tiefen Verlust zu erleben wie beim Tod seiner Mutter, als er neun Jahre alt war. Lewis' Verschlossenheit und die Rituale eines zurückgezogenen Professorenlebens bilden seinen Schutzzaun, damit sich dieser Kindheitsschock nie mehr wiederholt. Doch jetzt wagt er es, aus sich herauszugehen – um den Preis der Verwundbarkeit. Ohne das Risiko, auch Schmerz zu erleben, ist das Glück nicht zu haben. Nichts anderes bedeutet es, erwachsen zu sein und wirklich zu lieben.

Kurzwertung

Gefühlvolle Mischung aus Liebesmelodram und Filmbiografie.

Themen

Liebe, Leid, Tod, Glaubenszweifel

»Das Leid ist Gottes Megaphon, um eine taube Welt aufzuwecken. Gottes Ziel ist es nicht, uns glücklich zu machen, sondern uns zu Menschen zu erziehen, die lieben und geliebt werden können!« Diese Botschaft verkündigt der streitbare Christ Lewis in Vorträgen immer wieder einem großen Publikum. Nun führt ihn Joys langes, qualvolles Sterben jedoch in eine tiefe Glaubenskrise. Lewis muss erkennen, dass sich nicht auf jede Frage eine Antwort finden lässt. Und dass es etwas anderes ist, Leid wirklich zu erleben, als nur darüber zu philosophieren.

»Das Glück von heute ist untrennbar mit dem Schmerz von morgen verbunden.«

Es bleibt der Schmerz, dass das gemeinsame Glück ein so drastisches Ende nimmt. Dennoch gelingt es den beiden Liebenden, die Krankheit zu akzeptieren und dankbar zu sein für die Zeit, die sie miteinander verbringen durften. Der wahre C. S. Lewis hat sich in der Tat bis an sein Lebensende mit dem Tod der Geliebten auseinandergesetzt. Doch er hat trotz dieser Tragödie nie seinen Glauben verloren. Für ihn war der Tod die Erlösung aus dem Schattenland des irdischen Lebens, von dem der Filmtitel spricht. In den Narnia-Chroniken heißt es: »Ihr alle seid tot – wie ihr es in eurem Schattenreich gewöhnlich nennt. Die Schule ist aus, die Ferien haben begonnen. Der Traum ist zu Ende, der Morgen ist da.« Als Christ war C. S. Lewis überzeugt: Wo Schatten ist, da ist auch Licht.

Shadowlands

Originaltitel	Shadowlands (Großbritannien/USA 1993)
Regie	Richard Attenborough
Darsteller	Anthony Hopkins (C. S. Lewis), Debra Winger (Joy Gresham), Edward Hardwicke (Warnie Lewis), Joseph Mazzello (Douglas Gresham), John Wood (Christopher Riley)
Drehbuch	William Nicholson
Laufzeit	131 Minuten
Altersfreigabe	ab 12

Signs – Zeichen

Urplötzlich wird ein Mann aus dem Schlaf gerissen. Getrieben von einer unheilschwangeren Unruhe, für die es keinen greifbaren Anlass gibt, springt er aus dem Bett, stürzt ins Zimmer seiner Kinder und dann aus dem Haus, wo es dunkel ist und ihm nach ein paar Schritten die hohen Pflanzen seines Maisfeldes zusätzlich die Sicht rauben. *Signs* schafft schon nach wenigen Augenblicken eine Atmosphäre des Geheimnisvoll-Bedrohlichen. Sie ist der Grundton des Films, der sich im weiteren Verlauf stetig steigert. Ein einsames Haus, ein Maisfeld unter dem Sternenhimmel, ein leichter Wind, ein bellender Hund: Mehr braucht Regisseur M. Night Shyamalan nicht, um eine Gänsehaut zu erzeugen.

Der Mann heißt Graham Hess (Mel Gibson), und er war einmal Geistlicher. Seit seine Frau bei einem grässlichen Verkehrsunfall ums Leben gekommen ist, kann er nicht mehr glauben. Er versucht weiterzuleben. Seine beiden kleinen Kinder, der altkluge Morgan und die sensible Bo, helfen ihm dabei. Aber er hat sich geschworen, dass kein einziges Gebet mehr über seine Lippen kommen wird, denn dieser Gott hat ihm das Liebste genommen und ihn in einen endlosen Abgrund fallen lassen. In das Gesicht dieses Mannes ist eine unsagbare Trauer eingegraben. Es erzählt seine Geschichte von den ersten Bildern an, bevor wir sie kennen. Graham Hess zählt sich seit dem Tod seiner Frau zu den Menschen, die zu wissen meinen, dass es keinen Gott gibt, der über sie wacht und für sie da ist, wenn sie ihn brauchen. Für ihn ist die Welt dunkel, kalt und leer, denn er hat das Licht und die Wärme, die der Glaube schenkt, verloren. Er hasst Gott.

»Da ist ein Monster vor meinem Fenster. Kann ich bitte ein Glas Wasser haben?«

Mit seinem Bruder Merrill, einem ehemaligen Baseballspieler, bewirtschaftet Hess eine kleine Farm, auf die er sich zurückgezogen hat. Eines Morgens entdeckt er riesige »Kornkreise« in seinem Maisfeld, wie sie in den 80er Jahren Aufsehen erregten, bis sich herausstellte, dass diese »Zeichen« sehr menschlichen Ursprungs waren. Doch diesmal ist die Situation eine andere: Die »Signs« tauchen plötzlich in allen Erdteilen auf, und es dauert nicht lange, bis deutlich wird, von wem sie stammen und wofür sie dienen.

Um sich auf diesen ungewöhnlichen Film einlassen zu können, muss man das Science-Fiction-Genre schon ein bisschen mögen, sonst hält man alles nur für eine hanebüchene Spinnerei. Für Kenner sei gesagt: Die Geschichte erinnert im Mittelteil an H. G. Wells' Roman *Krieg der Welten* und hat eine Menge äußerst spannender Szenen, echten Grusel und auch manche absurd-komischen Momente zu bieten. Thematisch ist *Signs* Weltuntergangs-Spektakeln wie *Inde-*

pendence Day verwandt – aber ihm fehlen dessen Zerstörungsorgien und aufdringlich dröhnende Action. Bei M. Night Shyamalan findet die globale Katastrophe als Kammerspiel statt, begrenzt auf ein Farmhaus – zuletzt auf den Keller, in dem sich Hess mit seiner Familie gegen das Böse verbarrikadiert. Klopfgeräusche hinter der Mauer, schrille Tonsignale aus dem Babyfon, Krallenfinger unter dem Türspalt, ein Hund, der im Freien hektisch bellt, erbärmlich jault, abrupt verstummt – mit sparsamen, aber äußerst wirkungsvollen Mitteln und einigen wenigen Schockeffekten entsteht ein Grauen, das dem Zuschauer den Atem stocken lässt.

Aber mehr darf über die Handlung nicht verraten werden, schon gar nicht die überraschende Wendung am Schluss, mit der M. Night Shyamalan bereits in *The Sixth Sense* und *Unbreakable* für Verblüffung sorgte. Das Besondere an *Signs* ist jedoch sein missionarischer Kern. Er besteht in einem beeindruckenden Plädoyer: dass uns nicht einfach nur das blanke Chaos umgibt, dass wir nicht bloß dem Spiel des Zufalls ausgesetzt sind, dass sich in aller Sinnlosigkeit doch ein Sinn verbirgt. *Signs* zeigt Graham Hess als einen Geschlagenen, eine Hiob-Gestalt, die in ihrem Schmerz verzweifelt nach Gott fragt. Als Antwort scheint er nur das eisige Schweigen eines unendlichen Kosmos zu erhalten. Doch sein Sohn meint beim Anblick der Kornkreise: »Ich glaube, das hat Gott gemacht.« Hess' Frau erliegt vor seinen Augen ihren schrecklichen Verletzungen. Bevor sie stirbt, sagt sie zu ihm: »Du musst sehen.«

Kurzwertung

Meisterhafter Science-Fiction-Grusel, der für den Glauben wirbt.

Themen

Glaubenszweifel, Außerirdische, Weltuntergang

Kurzinhalt

Der Farmer und frühere Pastor Graham Hess entdeckt eines Morgens einen 200 Meter großen Kornkreis in einem seiner Felder. Kurz darauf tauchen überall auf der Welt solche mysteriösen Zeichen auf, die nicht von Menschenhand stammen können. Sind sie Botschaften einer anderen Zivilisation? Schließlich gibt es keinen Zweifel mehr: Außerirdische bereiten eine Invasion vor, und Graham Hess gerät mit seiner Familie in große Gefahr …

Signs — Zeichen

Originaltitel	Signs (USA 2002)
Regie	M. Night Shyamalan
Darsteller	Mel Gibson (Graham Hess), Joaquin Phoenix (Merrill Hess), Rory Culkin (Morgan Hess), Abigail Breslin (Bo Hess), Cherry Jones (Officer Caroline Paski)
Drehbuch	M. Night Shyamalan
Laufzeit	106 Minuten
Altersfreigabe	ab 12

Smoke

Jeden Morgen um acht Uhr schießt Auggie Wren (Harvey Keitel), Inhaber eines kleinen Tabakladens mitten in Brooklyn, das gleiche Foto, seit vierzehn Jahren. Über 4000 Bilder von der gegenüberliegenden Straßenecke hat er in seine Alben eingeklebt, penibel mit dem Datum der jeweiligen Aufnahme versehen: immer wieder derselbe Ausschnitt – aber immer wieder anderes Licht, wechselnde Passanten, bei Sonne, Regen oder Schnee. Eines Abends zeigt Auggie einem seiner Stammkunden, dem Schriftsteller Paul Benjamin (William Hurt), seine Sammlung. Der blättert verblüfft und ratlos durch die Alben (»Ich bin nicht sicher, ob ich's verstehe...«), bis Auggie ihm erklärt: »Du kommst nie dahinter, wenn du nicht langsamer machst, mein Freund.«

Geduldig und genau hinsehen, sich Zeit nehmen und sich auf einen besonderen Erzählrhythmus einlassen – das verlangt dieser ebenso unspektakuläre wie ungewöhnliche Film auch seinen Zuschauern ab, sonst übersieht man am Ende vielleicht, um welches Juwel es sich hier handelt. Wayne Wang und sein Drehbuchautor, der amerikanische Schriftsteller Paul Auster *(Mond über Manhattan, Die Musik*

des Zufalls), erzählen in *Smoke* nicht eine, sondern eine Fülle von Geschichten. Sie handeln von Geld, Freundschaft und kubanischen Zigarren, von Einsamkeit und vergangenem Liebesglück, von Diebstahl, verlorenen Vätern und der heilenden Kraft des Erzählens. Es sind unscheinbare Geschichten, die aber zu Herzen gehen und auch zu Tränen rühren, ohne rührselig zu sein. Die Fäden der zunächst vereinzelten, zusammenhanglos wirkenden Episoden berühren sich im Laufe des Films immer wieder, verschlingen sich vielfach und werden schließlich miteinander verknüpft.

»Keine Zeit ist besser als die Gegenwart.«

Da ist zum Beispiel Paul Benjamins Geschichte: Seit seine schwangere Frau gewaltsam ums Leben kam, hat er kein Buch mehr schreiben können. Geistesabwesend und zerzaust, bewahrt ihn der 17-jährige Rashid davor, von einem Laster überfahren zu werden. Der schwarze Teenager wiederum hat zwei Diebe um 6000 Dollar gebracht und zieht es deswegen vor, erst einmal unterzutauchen. (Die Papiertüte mit dem Geld geht später wie eine heiße Kartoffel von Hand zu Hand …) Je nach Situation und Gegenüber ändert er Namen und Identität, als wechsle er sein Hemd. Vor allem aber sucht Rashid seinen Vater, der vor zwölf Jahren verschwunden ist. Cyrus Cole hat in der Nähe von Brooklyn eine Tankstelle gekauft, und seine Geschäfte gehen schlecht. Auch seine Frau ist ums Leben gekommen – als er volltrunken einen schweren Autounfall verursacht hat. Nun verhindern ein Armstumpf und eine hässliche Hakenprothese, dass er diese schreckliche Schuld vergessen kann. Dann taucht noch Auggie Wrens frühere Geliebte Ruby auf, die dem lebensklugen, abgebrühten und hilfsbereiten Tabakhändler beichtet, er sei Vater einer Tochter, die ebenfalls hier in Brooklyn lebe – 18 Jahre alt und drogensüchtig.

Diese Sammlung von Kurzgeschichten erzeugt in ihrem Zusammenspiel eine wundervolle Atmosphäre der Menschenfreundlichkeit und Nähe, von Wärme und Gelassenheit. Sie entsteht, weil die Figuren miteinander reden und sich gegenseitig zuhören. *Smoke* ist ein Film, der Mut zum Leben machen möchte. Jede der Figuren muss sich ihrer persönlichen unbewältigten Vergangenheit stellen. So entdeckt Paul auf einem von Auggies Fotos plötzlich seine tote Frau und wird von verdrängtem Schmerz überwältigt. Auch die Wunde von Cyrus Cole bricht wieder auf – und beginnt gerade dadurch endlich zu heilen. Rashid findet in Paul und Auggie vorübergehend Ersatzväter – der eine nimmt ihn für einige Tage bei sich auf, der andere gibt ihm einen Job, und beide sorgen dafür, dass Rashids Vatersehnsucht ans Ziel kommt. Kinder brauchen Väter, die zu ihnen stehen, wenn sie Mist bauen, lautet eine der Botschaften von *Smoke*. Sie brauchen Väter, die ihnen helfen, um Entschuldigung zu bitten und die Wahrheit zu sagen. Auggies »50 Prozent«-Tochter (so hoch ist die Wahrscheinlichkeit seiner Vaterschaft) hat sich wahrlich nicht zu einem Sonnenschein entwickelt, aber was sie an Wut und Hass herausschleudert, macht spürbar, wie sehr ihr der Vater fehlt, den es in ihrem Leben nie gab.

Kurzinhalt

Auggie Wrens Tabakladen in Brooklyn ist das Zentrum miteinander verwobener Geschichten: Der Schriftsteller Paul leidet seit dem Tod seiner Frau an einer Schreibblockade; der 17-jährige Rashid sucht seinen Vater und erzählt jedem eine andere Lügen-Lebensgeschichte; Auggie selbst möchte mit einer Ladung Kuba-Zigarren endlich das große Geld machen und erfährt von einer Ex-Freundin, dass er eine drogenabhängige Tochter hat.

Als der Film eigentlich schon fertig ist, wird noch eine weitere Geschichte angefügt – eine Weihnachtsgeschichte: Sie handelt davon, wie Auggie zu seiner Kamera kam und ist ein solches Schmuckstück in diesem poetischen Erzählreigen, dass sich an ihm Pauls erloschene Kreativität wieder entzündet. Ach ja: Es wird eine Menge geraucht in diesem Film (der Titel deutet schon darauf hin), und zwar äußerst genussvoll. Dafür fließt aber auch kein Blut, und Bettszenen gibt's auch keine…

Kurzwertung

Dramatische Komödie in der Form kunstvoll erzählter Miniaturen, die sich souverän zu einer Einheit fügen.

Themen

Vater-Sohn-Beziehung, Freundschaft, Lebensfreude

Smoke

Originaltitel	Smoke (USA 1994)
Regie	Wayne Wang
Darsteller	Harvey Keitel (Auggie Wren), William Hurt (Paul Benjamin), Harold Perrineau jr. (Rashid Cole), Forest Whitaker (Cyrus Cole), Stockard Channing (Ruby McNutt)
Drehbuch	Paul Auster
Laufzeit	112 Minuten
Altersfreigabe	ab 12

Stadt der Engel

Sie sind überall, können unsere Gedanken lesen, weichen nicht von unserer Seite. Sie sind für uns Menschen unsichtbar, und sie sind »Außerirdische« – aber sie kommen nicht in feindlicher Absicht, um die Erde zu erobern oder gar zu zerstören ... Sie sind Boten Gottes, seine Gesandten, durch die er in das Leben der Menschen eingreift. Sie beschützen, leiten uns auf gute Wege, holen uns zurück, wenn wir in die Irre gehen. Und sie bringen die Sterbenden »nach Hause«. *Stadt der Engel* zeigt uns Wesen, die zu Gottes Schöpfung gehören und doch nicht von dieser Welt sind. Und er tut dies auf eine Weise, die uns vielleicht neu die Augen öffnet für eine Wirklichkeit, die wir so oft aus dem Blick verlieren, weil wir sie nicht sehen können.

Stadt der Engel beginnt und endet mit dem Sterben – zwei ergreifende Sequenzen, die trösten und Mut machen: Wir sind nicht allein, wenn wir gehen müssen, und wo wir hingehen, ist es nicht dunkel. »Auf meinem Operationstisch stirbt mir niemand«, ruft die junge Ärztin (Meg Ryan) verzweifelt – und muss dann doch mit ansehen, dass ihr Patient unter ihrer Herzmassage das Leben verliert. Schmerzhaft erlebt sie die Grenzen ihrer ärztlichen Kunst und der

Apparatemedizin – und ahnt in diesem Moment, dass es eine höhere Macht gibt, die unser Leben in der Hand hält und unser Schicksal bestimmt. *Stadt der Engel* enthält viele anrührende Szenen und überraschende, poetische Bilder – aber es ist dieses Fragen nach dem Tod und dem Danach, was ihn zu einem sehenswerten Film macht. Wir alle kennen nur die Außenseite des Sterbens – unsere Hoffnung als Christen ist, dass es auch eine Innenseite gibt, dass Schmerz vor allem die empfinden, die zurückbleiben. Der Tod ist nicht das letzte Wort, weil wir mehr sind als die Summe unserer Körperzellen.

»Wozu Flügel, wenn ich den Wind nicht spüren kann?«

Stadt der Engel ist eine gelungene Neuverfilmung von Wim Wenders' preisgekröntem Klassiker *Der Himmel über Berlin* (1987 in Cannes mit der Goldenen Palme ausgezeichnet). Im Gegensatz zu Wim Wenders setzt Brad Silberling vor allem auf melodramatische Gefühle und zärtliche Romantik. Seth (Nicolas Cage), einer der vielen Ungreifbaren, die auf dem Flughafen, in den Bibliotheken und Krankenhäusern, an den Hecken und Zäunen und auf den Straßen und Wolkenkratzern von Los Angeles ihre Dienste tun, kommt vom Anblick der schönen Herzchirurgin Maggie nicht mehr los. Er zeigt sich der verunsicherten Ärztin, wird vom körperlosen Geist zum undurchschaubaren Fremden – in den Maggie sich schon bei der ersten Begegnung verliebt. Von nun an sehnt sich Seth nach der wirklichen Welt, nach Berührung, Geruch und Geschmack. Er bittet Maggie, ihm zu beschreiben, wie sich eine Birne anfühlt. »Wie zuckriger Sand, der auf der Zunge zergeht«, sagt sie – und ihre Worte üben einen Zauber aus, dem sich der Himmelsbote nicht mehr entziehen kann.

Kurzinhalt

Ein Schutzengel, der die Menschen und ihre Empfindungen besser verstehen möchte, verliebt sich in eine Herzchirurgin und opfert seine Unsterblichkeit, um fühlen, berühren und lieben zu können.

Was folgt, ist eine *Lovestory*, wie nur Hollywood sie schreiben kann. Seths Verlangen, das Leben mit Maggie voll und ganz zu teilen, den Geruch ihres Haares zu erfassen, sie berühren zu können, »von ihrer Art« zu sein, stellt ihn vor eine Entscheidung: Will er seine Engelexistenz aufgeben und ganz Mensch werden? Auch Engel haben einen freien Willen – ein durchaus biblischer Gedanke, wenn man sich die Geschichte Luzifers vor Augen hält. »Es gibt so viel Schönes in unserer Welt«, sagt Seth einmal – und dennoch ist die Liebe zu diesem irdischen Wesen stärker. Er stürzt sich im wahrsten Sinn des Wortes in das Chaos des Lebens, mit all seinen Schönheiten, aber auch unerbittlichen Härten.

Kurzwertung

Tragische Liebesromanze voller Poesie, die das Leben feiert, ohne seine Härten zu verleugnen.

Themen

Liebe, Tod, Verlust, Lebensfreude

Stadt der Engel ist ein nachdenklicher, sehr poetischer Film, eine wundervoll romantische Liebesgeschichte – vor allem aber ein Plädoyer für das Leben, die Freude an allen Sinnen, die Gott uns geschenkt hat, und für die großen Gefühle.

Stadt der Engel

Originaltitel	City of Angels (USA 1998)
Regie	Brad Silberling
Darsteller	Nicolas Cage (Seth), Meg Ryan (Maggie), André Braugher (Cassiel), Dannis Franz (Messinger), Colm Feore (Jordan)
Drehbuch	Dana Stevens
Laufzeit	114 Minuten
Altersfreigabe	ab 12

Sue – Eine Frau in New York

Mit der Miete ist Sue (Anna Thomson) nun schon drei Monate im Rückstand, der Vermieter gewährt ihr eine letzte Gnadenfrist. Dass sie seit längerem arbeitslos ist, sieht man der auffallend attraktiven, stets elegant gekleideten Mittdreißigerin nicht an. Trotzdem bemüht sie sich erfolglos, einen neuen Job zu finden, denn sie kann keine Referenzen vorweisen. Auch ihr Privatleben zeigt keinerlei Kontinuität: Sue hat weder Freunde noch Bekannte, schläft aber immer wieder mit wildfremden Männern, um hinterher in quälender Einsamkeit zu versinken.

Amos Kolleks Film beschreibt lakonisch – und gerade deswegen umso erschütternder –, wie eine bindungslose, ja bindungsunfähige Frau den Boden unter den Füßen verliert. Ruhelos zieht sie durch die Straßen Manhattans, durch Bars, Coffee-Shops, Waschsalons, Kinos, Parks. Obwohl sie weder beruflich noch menschlich in New York Fuß fassen kann, kommt sie von dieser Stadt nicht los. Ihre Mutter, die in einem Pflegeheim in Seattle lebt, hat Alzheimer und kann sich am Telefon nicht an sie erinnern. Sue trinkt zu viel, die Rechnungen

türmen sich, sie öffnet ihre Post erst gar nicht mehr. Das großzügige Angebot der freundlichen Psychologiestudentin Linda, ihr mit der fälligen Miete auszuhelfen, lehnt Sue ab, weil sie dahinter Mitleid vermutet. Dabei gerät ihr Leben immer stärker aus dem Tritt.

Kurzinhalt

Eine attraktive, in ihrem Innern bis zur psychischen Erkrankung verzweifelte und einsame Frau fällt durch alle Maschen des sozialen Netzes: Sie kann weder ihre Miete bezahlen noch die Menschen, die sie kennen lernt, als Freunde, Liebespartner und Helfende annehmen. Mit unabwendbarer Konsequenz steuert sie auf ihr Ende zu.

Immer wieder hofft Sue, durch Sex ihre Einsamkeit lindern zu können. Dabei geht sie völlig wahllos vor: Die Männer sind ebenso beliebig wie die Orte (z. B. ein Kino). »Sex ist wahnsinnig wichtig für mich«, sagt sie, weil er ihr Nähe und Beziehung, Wärme und Geborgenheit ersetzen soll. Wenn diese so fragile, verletzliche Frau mit Männern schläft, die sie gar nicht mag, dann ist das der ebenso verzweifelte wie vergebliche Versuch, die eigene Orientierungslosigkeit und innere Leere zu betäuben. Sue verliert sich immer tiefer in ihrer Isolation. Den Tränen nahe bittet sie die Telefonvermittlung, noch eine Minute länger als üblich mit ihr reden zu dürfen. Ihre zaghaften Bemühungen, mit anderen Frauen Kontakt zu knüpfen, misslingen kläglich – oder sie bricht sie selbst wieder ab. Das sind peinigende, beklemmende Momente.

Kurzwertung

Zutiefst beunruhigende Charakterstudie einer bindungsunfähigen Frau, deren Leben aus den Fugen gerät.

Themen

Einsamkeit, Beziehungsunfähigkeit, Großstadt, Hoffnungslosigkeit

Als Sue den sympathischen Reisejournalisten Ben kennen lernt, scheint eine Wende möglich. Die beiden erleben ein kurzes Glück – doch Sue kann es nicht festhalten. »Ich möchte jetzt von niemandem verletzt werden«, antwortet sie Ben, als er ihr deutlich macht, dass es ihm ernst mit ihr ist. »Ich bin doch von jedem verletzt worden, seit ich auf der Welt bin, von jedem Einzelnen.« Mutlos stößt Sue die Liebe eines Mannes von sich, dem es wirklich um sie selbst geht – weil sie sich dieser Liebe nicht für wert hält und Angst vor dem Scheitern hat. Auch Ben ist kein Anker für ihr zunehmend verstörtes, schutz- und kraftloses Ich, obwohl er ihr am ehesten geben könnte, wonach sie sich zutiefst sehnt. Ihr fehlen die Energie und der Optimismus, die Ben auszeichnen und den Zuschauer daran erinnern, dass es zu einem guten Teil in unseren Händen liegt, was wir aus unserem Leben machen. Als ob sie über sich selbst das Urteil sprechen würde, erklärt sie ihm: »Mein Leben ändert sich nie!« Das ist so schmerzhaft, dass man sie packen und schütteln möchte.

Als Ben kurzfristig verreisen muss, wird Sues aufkeimendes Vertrauen sofort wieder erschüttert, und der Abwärtssog ihres Lebens setzt sich scheinbar unaufhaltsam fort: Sie verliert erneut den Job, den sie inzwischen gefunden hatte, und wird aus der Wohnung geworfen. Die schleichende Verelendung Sues, deren Anzeichen im Lauf des Films immer deutlicher werden, gelangt an ihren Endpunkt: Sie muss in einer schäbigen Absteige inmitten von Prostituierten übernachten. Als Ben aus Indien zurückkehrt, ist es zu spät: Mag es Scham sein oder eine zunehmende innere Verwirrung, sie vertraut sich ihm nicht an, er kann sie nicht mehr zurückholen. Bis zuletzt auf der Suche nach Nähe, einem Menschen, der bei ihr bleibt, stirbt sie allein auf einer Parkbank.

»Sie sind ein sehr netter Mensch, Vermittlung.«

Sue ist ein Film, der unter die Haut geht – voller Tristesse, streckenweise sehr deprimierend, kein Trost, nirgends. Wir sehen die beklemmend realistische Zerfallsstudie eines verlorenen Geschöpfs und ein stilles Meisterwerk zugleich, ebenso verstörend wie anrührend, ergreifend und unerbittlich. Ein Mensch, der sich verzweifelt nach Zuneigung, Wärme und Fürsorge sehnt, gleitet aus seiner bürgerlichen Existenz, fällt aus allen sozialen Zusammenhängen heraus und geht in der Anonymität der Großstadt einfach unter. Sues Leben erlischt, ohne dass es jemand zur Kenntnis nimmt.

Warum sollte man sich das ansehen? Von Zeit zu Zeit werden dem Menschen Gifte eingespritzt, damit der Körper Gegengifte produziert. Dieser Film ist solch ein Gift, weil er das Herz weich macht und so hilft, den anderen überhaupt wahrzunehmen und sich für seine Not verantwortlich zu fühlen. *Sue* ist ein heilsamer Schock, der wachrüttelt – damit wir uns bewusst machen, welchen Wert Bindungen haben und was uns wirklich Halt gibt. Es ist ein heilsamer Schock, weil er kathartisch wirkt, das heißt: Er stärkt und reinigt uns, wie alle guten Filme, die traurig enden. Letzten Endes öffnet *Sue* uns die Augen dafür, warum sich dieses Leben lohnt und dass es viele Gründe gibt, es zu lieben.

	Sue – Eine Frau in New York
Originaltitel	Sue (USA 1997)
Regie	Amos Kollek
Darsteller	Anna Thomson (Sue), Matthew Powers (Ben), Tahnee Welch (Lola), Tracee Ellis Ross (Linda), Austin Pendleton (Bob)
Drehbuch	Amos Kollek
Laufzeit	90 Minuten
Altersfreigabe	ab 16

Taxi Driver

Grauer Qualm steigt aus den Gullys auf und verdeckt den Blick auf das regennasse nächtliche New York. Ein »Yellow Cab« schiebt sich in Slowmotion durch die Schwaden, der Fahrer hinter der dunklen Scheibe bleibt gesichtslos, nur seine lauernden Augen kommen immer wieder ins Bild, begleitet von einer hypnotisch klagenden Saxophonstimme. Es ist Travis Bickle (Robert De Niro), ein 26-jähriger Vietnam-Veteran, der sich selbst »Gottes einsamster Mann« nennt. Weil er nachts nicht schlafen kann, hat er einen Job als Taxifahrer in der Nachtschicht angetreten und fährt auch in die verrufensten Gegenden von New York.

Travis ist ein spröder Außenseiter, misstrauisch und verstört. Er findet keinen Weg aus seiner Isolation und steigert sich dabei immer weiter in einen fanatischen Hass hinein. Sein Taxi, der hermetisch abgeschlossene Innenraum, wird zum Sinnbild seiner Abkapselung, nicht anders als sein Apartment, aus dem er nie einen Blick nach draußen zu werfen scheint und in dem er nie Besuch empfängt. Travis führt Tagebuch – ein verzweifelter Versuch der Kommunikation, dem aber das Gegenüber fehlt – und notiert immer wieder seine

Einsamkeit: »Öde verstreichen die Tage, sie unterscheiden sich durch nichts voneinander. Ein Tag ist wie der andere, eine lange, endlose Kette ins Nichts.« Er ist unfähig, im Kreis seiner Taxi-Kollegen Freundschaften aufzubauen; wenn sie sich nachts in einem tristen Coffee-Shop treffen, hört er ihnen meist nur schweigend zu.

Kurzinhalt

Nacht für Nacht erlebt der New Yorker Taxifahrer und Vietnam-Veteran Travis Bickle den Moloch Großstadt von seiner dunkelsten Seite. Zu seinen Kunden gehören Kriminelle, Prostituierte und Drogenhändler, während ringsherum in den Straßenschluchten Verfall und Zerstörung wuchern. Travis steigert sich in den Wahn hinein, etwas gegen die Flut von Schmutz und Verderbtheit in New York tun zu müssen. Nach der Begegnung mit einer minderjährigen Prostituierten entschließt sich der Taxifahrer, das Mädchen aus seinem Elend zu befreien – was in einer Explosion der Gewalt endet.

Seine einsamen Fahrten führen Travis an den Schattengestalten New Yorks vorbei, und oft sind sie auch seine Kundschaft: Prostituierte, minderjährige Stricherinnen, Freier und Zuhälter, Junkies, Transvestiten, Kriminelle und Penner. Sie ekeln Travis an, für ihn sind sie ein großer Haufen Dreck, der in eine riesige Toilette gehört: »Ich hoffe, eines Tages wird ein großer Regen diesen Abschaum von der Straße spülen.« Einmal versucht der ehemalige Vietnam-Kämpfer seine Beziehungslosigkeit zu durchbrechen: Er begegnet tagsüber Betsy, die als Wahlhelferin für den Präsidentschaftskandidaten Palantine arbeitet – ein Engel in Weiß, so rein, wie er sich die Stadt wünscht. Travis beeindruckt sie beim ersten Gespräch, doch die beiden leben in getrennten Welten: Ein abendliches Rendezvous wird zum Fiasko, denn Travis fällt nichts Besseres ein, als Betsy in ein Pornokino zu schleppen. Sie flüchtet und bricht den Kontakt ab. Seine Blumen schickt sie zurück, am Telefon lässt sie sich verleugnen.

Kurzwertung

Schonungslos realistische Studie eines psychisch deformierten Vietnam-Veteranen.

Themen

Einsamkeit, Hass, Gewalt, Großstadt

Frustriert und wieder auf sich selbst zurückgeworfen, sucht Travis nach einem Ziel in seinem Leben – und findet es, als er der minderjährigen Prostituierten Iris begegnet: »Plötzlich bekommt mein Leben einen neuen Impuls.« Er will das Mädchen aus den Klauen ihres Zuhälters Matthew befreien und sieht sich als ihr Retter. Travis legt sich ein ganzes Arsenal an Revolvern und Pistolen zu, trainiert mit den Waffen, stählt seinen Körper (»Ab heute beginnt die totale Mobilmachung«) und rasiert sich den Schädel zu einem Irokesenschnitt. Zunächst plant er einen Anschlag auf Palantine, aber das Attentat misslingt, weil Travis einem Sicherheitsbeamten auffällt und fliehen muss. Dann dringt der Amokläufer in das Stundenhotel von Iris ein und richtet ein entsetzliches Massaker an. Blutüberströmt will er sich am Ende selbst erschießen – doch das Magazin seiner Pistole ist leer. Travis wird schwer verletzt ins Krankenhaus gebracht, und die Presse feiert ihn: Sie erklärt seinen Amoklauf nachträglich zur selbstlosen Heldentat, die Eltern von Iris schreiben ihm gerührt einen Dankesbrief.

»Hier ist ein Mann, der sich nicht mehr alles gefallen lässt.«

In Travis' Bluttat entladen sich der Hass und die Verzweiflung eines Mannes, der sich zum selbst ernannten Racheengel an einer verderbten Welt aufschwingt. Was Travis eigentlich sucht, wenn er in New York »ausmisten« will und dabei zur Waffe greift, sind letztlich Frieden und Erlösung. Er versucht diese Sehnsucht durch Gewalt zu stillen – vergeblich. Der Amoklauf verändert Travis nicht, nach dem Koma sehen wir ihn wieder mit den gleichen misstrauischen Augen durch das gleiche nächtliche New York Taxi fahren. Gewalt, das macht der Schluss von *Taxi Driver* deutlich, »reinigt« nicht, bessert nichts und niemand. Sie ist eine neurotische Reaktion auf eine kaputte, heillose Welt ohne Liebe und Gnade. Martin Scorsese lässt in jeder Sekunde seines schockierenden Films spüren, was dieser Welt fehlt – darin liegt seine Größe, und insoweit ist *Taxi Driver* auch ein religiöser Film. Aber er zeigt keinen Ausweg auf. Wir sehen nur die Hölle: Sie ist mitten unter uns.

Taxi Driver

Originaltitel	Taxi Driver (USA 1975)
Regie	Martin Scorsese
Darsteller	Robert De Niro (Travis Bickle), Cybill Shephard (Betsy), Jodie Foster (Iris), Harvey Keitel (Matthew), Peter Boyle (Wizard)
Drehbuch	Paul Schrader
Laufzeit	114 Minuten
Altersfreigabe	ab 16

The Addiction – *Süchtig*

The Addiction ist ein Vampirfilm – ein äußerst eigenwilliger dazu: In Schwarzweiß gedreht (wobei Schwarz die Bilder beherrscht), mit deutschen Untertiteln versehen, verstört vor allem seine alltagsferne, poetisch-hochgespannte Sprache, die immer wieder Nietzsche, Kierkegaard, Feuerbach oder Sartre zitiert. Entweder lässt man sich auf sie ein oder wird wohl nach wenigen Minuten abschalten. Sich dem Sperrigen, Bizarren auszusetzen lohnt bei diesem Film aber unbedingt, weil er sich den Grundthemen des Glaubens stellt: Schuld und Sühne, das Böse und die Erlösung vom Bösen.

Auf ihrem nächtlichen Heimweg wird die Philosophiedoktorandin Kathleen (Lili Taylor) Opfer eines alptraumhaften Überfalls:

Eine elegant gekleidete Frau zerrt sie in einen dunklen Kellereingang und beißt ihr in den Hals. »Du hast ja mitgemacht«, kommentiert die betörend-dämonische Vampirin namens Casanova Kathleens ausbleibende Gegenwehr. Nach dem Biss mutiert die Studentin selbst zum Vampir: Infiziert mit der Lust an der Zerstörung, lässt sie der eigene Blutdurst vom Opfer zur Täterin werden. Ihre düsteren Streifzüge durch die nächtlichen Straßen New Yorks zeigen sie als unersättlich Getriebene, deren Sucht immer wieder in den Blutrausch mündet.

Der gläubige Katholik Abel Ferrara benutzt den Vampirismus – neben vagen Andeutungen auf Aids und Heroinabhängigkeit – als Symbol, um nach dem Bösen im Menschen zu fragen. Die ersten Minuten des Films zeigen Schreckensbilder von kriegerischen Gewaltexzessen und Massenvernichtung. Davor versagen alle Worte, die Erklärungsmodelle des Intellekts erweisen sich als Abwehrmechanismen, Formen der Verdrängung. Die unmissverständliche Antwort des Regisseurs auf die unbegreifliche menschliche Grausamkeit lautet: Wir alle erliegen der Faszination des Bösen und der Gewalt (»Sieh die Sünde an und sag ihr, dass sie weggehen soll«), und wir alle haben Anteil daran, dass sie sich ausbreiten. In *The Addiction* ist das Böse eine Sucht- und Ansteckungskrankheit. Als sie von Kathleen ganz Besitz ergriffen hat, wird »Pecco, ergo sum« zu ihrem neuen Credo: »Ich sündige, also bin ich«.

Kurzwertung

Philosophisch-religiöser Horrorfilm, der über den menschlichen Abgründen Gottes Gnade aufleuchten lässt.

Themen

Gewalt, Schuld, Sünde, Erlösung

Kathleen verwahrlost zusehends, verhängt die Spiegel und muss das Tageslicht meiden. Sie ist eine trotzige Einzelgängerin von schneidender Aggressivität, hasserfüllt, kampfbereit, einsilbig – aber auch verletzlich und hoffnungslos. Sie lernt den kultivierten Peina (Christopher Walken) kennen, einen Vampir-Asketen, der sie als dämonischer Lehrmeister noch tiefer in die Verderbtheit hineinführt. Als Kathleen ihre Doktorarbeit abgeschlossen hat, lädt sie zur Promotionsfeier Untote und Lebende ein. Die Doktorfeier wird zum Höhepunkt von Kathleens finsterer Odyssee. Sie endet mit nacktem Horror: Die Vampire stürzen sich in einer wahren Beißorgie auf die Gäste und verwandeln den Schauplatz in ein Blutbad. Danach jedoch versinkt Kathleen in Verzweiflung, weil sich ihr Blutdurst niemals stillen lässt und ewig währen

Kurzinhalt

Eine Philosophiestudentin wird von einem weiblichen Vampir gebissen und verwandelt sich danach selbst in eine Blutsaugerin. Ihr unstillbarer Blutdurst zwingt sie dazu, sich immer neue Opfer zu suchen.

wird. Ebenso groß wie der Hunger nach Blut wird das Verlangen nach Ruhe, nach Erlösung. Als sie im Krankenhaus liegt, bittet sie eine Krankenschwester, die Jalousien hochzuziehen – um endlich sterben zu können.

Doch die ersehnte Erlösung erlangt die Untote erst, als sie in der Beichte Gott um Vergebung bittet. Ein katholischer Priester erteilt ihr die Absolution, und Kathleens »Amen« befreit sie endgültig aus der Hölle ihrer Vampir-Existenz, die ein beklemmendes Bild für ewige Verlorenheit ist. Die Sünde greift um sich wie ein Bazillus, führt *The Addiction* vor Augen – unschädlich machen kann ihn nur Gottes Gnade. Abel Ferraras Film setzt trotz seiner klaustrophobisch-düsteren Grundstimmung am Ende ein deutliches Hoffnungszeichen, unübersehbar durch das Kruzifix über Kathleens Bett. *The Addiction* zeigt, dass dem Menschen doch eine Wahl möglich ist und er sich gegen das Böse stemmen kann – indem er sich an den Gekreuzigten klammert.

»Ich verfaule von innen. Aber ich sterbe nicht.«

The Addiction – Süchtig

Originaltitel	The Addiction (USA 1994)
Regie	Abel Ferrara
Darsteller	Lili Taylor (Kathleen), Christopher Walken (Peina), Annabella Sciorra (Casanova), Edie Falco (Jean), Paul Calderon (Professor)
Drehbuch	Nicholas St. John
Laufzeit	84 Minuten, Originalfassung mit Untertiteln
Altersfreigabe	ab 16

Und täglich grüßt das Murmeltier

Phil Connors (Bill Murray), Wettermann bei einem lokalen Fernsehsender, macht sich wie jedes Jahr am 1. Februar auf den Weg in ein Provinznest mit dem unaussprechlichen Namen Punxsutawney. Denn am 2. Februar feiern die Einwohner dieses verschlafenen Städtchens in Pennsylvania den »Murmeltier-Tag«, bei dem einer dieser scheuen Nager voraussagen soll, wie lange der Winter noch dauert. Phil, ein Zyniker und arrogantes Ekel erster Güte, hasst diese Reportagen. Das Murmeltier ist für ihn nichts weiter als eine »rheumatische Ratte«, und auch für seine Mitmenschen hat er in seiner grenzenlosen Überheblichkeit nur Sarkasmus und beißenden Spott übrig. Trotzdem spult er seinen Job vor laufender Kamera gewohnt routiniert ab und freut sich darauf, schnell wieder zurückkehren zu können. Doch dann zwingt ihn ein plötzlicher Schneesturm, einen Tag länger als geplant in Punxsutawney auszuharren...

Am nächsten Morgen, als Phil wie schon am Vortag um Punkt sechs Uhr von seinem Radiowecker mit dem »Sonny und Cher«-Song *I Got You, Babe* geweckt wird, ahnt der Wetterfrosch noch

nichts Böses. Im Hotelflur wird er dann von dem gleichen Mann mit den gleichen Worten angesprochen wie gestern, und auch beim Frühstück passiert genau das Gleiche wie am Vortag. Das macht Phil zwar stutzig, doch in welch absurde Situation er hineingeraten ist, erkennt er erst, als er auf dem Festplatz ankommt: Ungeduldig erwartet ihn sein Fernsehteam inmitten der fröhlichen Volksmenge, denn in wenigen Minuten wird das Murmeltier den Beginn des Frühjahrs vorhersagen ...

Phil ist in eine Zeitfalle geraten – und von nun an gibt es für den Murmeltierhasser nur noch einen einzigen Tag: Murmeltier-Tag. Der unausstehliche Griesgram durchlebt die ewige Wiederkehr des Immergleichen: Er kommt nicht mehr heraus aus Punxsutawney und auch nicht aus dem 2. Februar. Und jedes Mal wird dieser Tag noch langweiliger, fürchterlicher und unerträglicher für ihn. So verbissen und verzweifelt er auch auszubrechen versucht, er bleibt in diesem Zeitkäfig eingesperrt, dem Fluch immerwährender Wiederholung ausgeliefert. Harold Ramis hat diese Grundidee mit einer Fülle irrsinnig witziger Einfälle inszeniert – aber sie ist bei aller Komik auch eine eindringliche Metapher für die Hölle.

»Haben Sie manchmal Déjà-vus, Mrs. Lancaster?« – »Ich glaube nicht, aber ich könnte ja in der Küche nachfragen.«

In den ersten Tagen nach dem Schock genießt Phil zunächst seine Verantwortungslosigkeit: Weil sein Handeln ja keine Konsequenzen hat, treibt er eine Menge Schabernack. Nichts hat für ihn Folgen, weder nächtliche Randale noch ein Banküberfall, weder Trunkenheit noch üppige Fressgelage. Nichts ändert sein Schicksal, am nächsten Morgen wieder von *I Got You, Babe* geweckt zu werden. Der 2. Februar beginnt von neuem, und nichts von dem, was gestern geschehen ist, hat noch Gültigkeit. Doch dann wird Phil zusehends depressiver – und es kommt ein sehr existenzielles, religiöses Moment in Harold Ramis' intelligenten Kinospaß: die Sehnsucht nach Erlösung aus dieser Zeit-Hölle. In seiner Verzweiflung begeht Phil Selbstmord – völlig ergebnislos. Mag er die Suizide auch noch so einfallsreich arrangieren: Er kann der kafkaesken Endlosschleife nicht entkommen. Immer wieder erwacht er in seinem größten Alptraum.

Kurzinhalt

Der Wetteransager Phil, ein unausstehlicher Griesgram, soll über den »Murmeltier-Tag« in einer kleinen Provinzstadt berichten – eine verhasste Aufgabe. Ein Schneesturm zwingt ihn, dort auch die Nacht zu verbringen. Als er am nächsten Tag aufwacht, stellt er schnell fest, dass er in eine Zeitfalle geraten ist: Der gleiche Tag wiederholt sich für ihn immer und immer wieder...

Phils Unglück ist vollkommen, als er sich in seine Produktionsleiterin Rita (Andie MacDowell) verliebt. Er versucht, sie zu verführen, kommt aber nicht zum Ziel, weil er jeden Morgen wieder bei null anfangen muss. Nie will Rita mit Phil schon am ersten Abend ins Bett, jede Begegnung endet mit einer Ohrfeige – und der Film entwickelt sich zu einer zauberhaften romantischen Komödie. Lange kämpft Phil vergeblich – bis er sich allmählich vom ungenießbaren Egomanen zum selbstlosen Helfer wandelt, dessen Mitleid und Uneigennützigkeit den Menschen von Punxsutawney zugute kommen. Die Zeitfalle ist Phils Chance zur Läuterung, die so lange dauert, bis er sich bewährt und geändert hat. Er findet heraus aus seinem Sarkasmus und seiner Selbstzentriertheit, die ihn vom Leben ausgeschlossen haben. Als der Menschenverächter Phil seinem Namen alle Ehre macht und sich zum wahren Philanthropen bekehrt, wird er als »geheilt« aus der Zeitschleife entlassen. Es ist der Moment, in dem er seine schöne Rita wirklich zu lieben gelernt hat.

Kurzwertung

Außergewöhnliche Komödie über ein überhebliches Ekel, das zur Liebe findet.

Themen

Erlösung, Menschenfreundlichkeit, Selbstlosigkeit, Liebe

Und täglich grüßt das Murmeltier

Originaltitel	Groundhog Day (USA 1993)
Regie	Harold Ramis
Darsteller	Bill Murray (Phil Connors), Andie MacDowell (Rita), Chris Elliott (Larry), Stephen Tobolowsky (Ned), Brian Doyle-Murray (Buster)
Drehbuch	Danny Rubin
Laufzeit	101 Minuten
Altersfreigabe	ab 6

Waterland

Eigentlich stünde die Französische Revolution auf dem Lehrplan von Tom Crick (Jeremy Irons), der seit 20 Jahren an einer High School von Pittsburgh Geschichte unterrichtet. Doch mit den Blutbädern in Paris kann er seine gelangweilten Schüler nicht fesseln, die es für Zeitverschwendung halten, sich mit der Vergangenheit auseinanderzusetzen. Der Rektor sieht das ähnlich und wird daraus Konsequenzen ziehen. Deswegen erzählt Crick seiner Klasse eine Geschichte aus den Fens, einer Tiefebene im östlichen England, mehr als dreitausend Quadratkilometer groß, dem Meer abgerungen, von Kanälen durchfurcht, einst nichts als Wasser und auch heute noch nicht richtiges Festland. Sie handelt von Liebe und Sex, von Inzest, Eifersucht, Gewalt und Mord. Es ist die Geschichte seines Lebens.

Vor seinen Schülern taucht Crick in seine Erinnerungen ein: an die Vorfahren, die Fluss und Land erwerben und sich untertan machen; an den Großvater, den der Erste Weltkrieg um den Verstand bringt und der sich in die eigene Tochter verliebt; an seinen geistig

zurückgebliebenen Halbbruder Dick, der dieser verbotenen Liebe entstammt; an die Sexualität der Pubertätsjahre und das Mädchen Mary, das Tom und Dick gleichermaßen den Kopf verdreht; an die Augenblicke lustvoller Gier auf das andere Geschlecht; an einen toten Jungen im Wasser; und an eine Abtreibung, die ihre dunklen Schatten bis in die Gegenwart wirft.

Stephen Gyllenhaals Verfilmung eines Romans von Graham Swift bedient sich einer sehr verschachtelten Erzählweise: Die Rahmenhandlung, die im Jahr 1974 spielt, wird von zahlreichen Rückblenden und Zeitsprüngen durchbrochen; der wichtigste Teil der Geschichte ereignet sich jedoch 1943, mitten im Zweiten Weltkrieg. Immer wieder mündet der historische Rückblick auch in konkrete Anschauung: So fahren die Schüler und ihr Lehrer in einer Art Zeitreise zum Beispiel mit einem Autobus durch ein britisches Dorfbesäufnis, bei dem am Ende die Brauerei von Cricks Großvater in Flammen aufgeht. Dieser sprunghafte Erzählrhythmus ist gewöhnungsbedürftig, doch letztlich wird die Atmosphäre des Films vor allem durch den Blick auf das flache, weite »Waterland« der Fens geprägt, dessen Wasser inmitten dramatischer Ereignisse stets ungerührt und träge dahinfließt.

»Ich werde ein Baby kriegen. Gott hat es mir gesagt. Warte nur, du wirst es sehen.«

Tom ist der Sohn eines Schleusenwärters und 16 Jahre alt. Er und Mary haben ihre Körper entdeckt und schlafen miteinander, wann immer sie sich treffen – im Zugabteil, am Deichrand oder in einer alten Windmühle. Doch dann wird Mary schwanger. Viel eher als Tom beschließt sie, dass sie dieses Kind auf keinen Fall behalten kann. Sie hofft auf eine Fehlgeburt – doch als alles Nachhelfen nichts bringt, entscheiden sich die beiden für eine Abtreibung bei einer entlegen wohnenden Quacksalberin. Es ist eine brachiale Prozedur (»Es wird nicht so viel Spaß machen, es rauszuholen, wie es Spaß gemacht hat, es reinzukriegen«), von der man nur Marys Schreie und die Beschwichtigungen der Alten zu hören bekommt. Als es vorüber ist, soll Tom den Eimer mit dem Fötus ins Meer kippen, ohne hinzusehen – aber er tut es dennoch. Dem Zuschauer bleibt dieser Anblick erspart, doch er spiegelt sich in dem entsetzten, gequälten Gesicht des jungen Vaters, der gerade sein eigenes verstümmeltes Kind weggeschüttet hat.

Kurzinhalt

Der Geschichtslehrer Tom Crick aus Pittsburgh erzählt in einer Lebenskrise seinen Schülern die Geschichte seiner Jugend in einer ostenglischen Küstenlandschaft. Im Mittelpunkt dieses Berichts steht seine Liebe zu einem Mädchen, das später seine Frau wird. Eine ungewollte Schwangerschaft hat eine Reihe tragischer und dramatischer Ereignisse zur Folge, die bis in die Gegenwart nachwirken.

Tom und Mary bleiben ein Paar, aber Mary ist durch die Abtreibung unfruchtbar geworden. Die frühe Schuld kann sie ihr Leben lang nicht abschütteln. Sie wird nicht nur depressiv, sondern ist innerlich so zerrüttet, dass sie mit den Jahren einem Nervenzusammenbruch immer näher kommt. Immer mächtiger wird ihre Sehnsucht nach einem eigenen Kind: Sie erzählt ihren Freundinnen, sie sei schwanger, und ihrem Mann, dass Gott ihr ein Kind schenken werde – bis sie eines Tages ein Baby entführt. Dieser Teil der Geschichte ist von tiefer Trauer und Verzweiflung durchzogen, ein einziger Schrei nach Vergebung von einer scheinbar unauslöschlichen Schuld, die nie mehr gutzumachen ist. Und als Tom einen seiner widerspenstigsten Schüler näher kennen lernt, spürt auch er, wie sehr ihm der Sohn fehlt, den er nie haben wird.

Kurzwertung

Bewegendes Drama mit betörenden Landschaftsbildern über eine Jugendliebe und die Folgen einer frühen Schuld.

Themen

Jugendliebe, Abtreibung, Schuld

Waterland ist ein Beleg für die These, dass alle guten Geschichten schlecht ausgehen. Und trotzdem endet *Waterland* nicht hoffnungslos: Mary ist zurückgekehrt in ihre Heimat, und Tom reist ihr nach in die Fens – weil noch nichts abgeschlossen ist von dem, was hier begann. Ist Vergebung, ist Trost möglich? Der Film lässt offen, ob die beiden wieder zueinander, ob sie Frieden finden werden. Wenn, dann nur hier, unter diesem weiten Himmel. Denn zurückzukehren bedeutet, nicht mehr länger vor den Gespenstern der Vergangenheit zu fliehen.

Waterland

Originaltitel	Waterland (Großbritannien 1992)
Regie	Stephen Gyllenhaal
Darsteller	Jeremy Irons (Tom Crick), Ethan Hawke (Matthew Price), Sinead Cusack (Mary Crick), Grant Warnock (Tom als Junge), John Heard (Dick Crick)
Drehbuch	Peter Prince
Laufzeit	95 Minuten
Altersfreigabe	ab 16

When a Man Loves a Woman – Eine fast perfekte Liebe

Eine Ehe wie aus dem Werbespot: Michael, ein junger, gut aussehender Pilot, und Alice, die attraktive, quicklebendige Mutter seiner beiden Kinder, sind noch wie am ersten Tag fasziniert voneinander – ein perfektes Paar. Ein sehenswertes Jugendstilhaus in bester Lage von San Francisco rundet das überaus harmonische Bild ab. Doch ihr strahlendes Hochglanz-Eheglück bekommt zusehends Risse: Der Wirbelwind Alice ist gedopt. Alice trinkt, heimlich, bis es nicht mehr zu verbergen ist, dass sie ständig zur Flasche greift: Eines Abends fällt sie betrunken durch die Badezimmer-Duschwand und wird von ihrer Tochter gefunden. Der Tiefpunkt ist erreicht – Alice gesteht sich und ihrem Mann die Alkoholsucht ein und begibt sich auf den steinernen Weg einer Entziehungskur.

Als sie zurückkehrt, hält Michael das Problem für gelöst – doch jetzt fangen die Schwierigkeiten erst an. Michael will Alice »helfen« – und lässt gerade dadurch noch offenkundiger werden, woran ihre Beziehung krankt: Immer wieder tritt er als der souveräne, fehler-

lose Ehemann in Erscheinung, der seiner Frau Schwierigkeiten und Lasten aus dem Weg räumt. Aber eigentlich entmündigt er sie damit, untergräbt ihr Selbstvertrauen mehr, als es zu stärken. Die Rollen sind klar verteilt: Er ist der selbstlose, fürsorgliche Helfer, sie das hilflose Opfer. Dagegen wehrt sich Alice – mit Recht, denn sie muss allein erproben, ob sie den alltäglichen Lebenskampf durchsteht und bewältigt.

Michael erkennt schmerzlich, was es heißt, dass ein Alkoholiker immer nur »trocken, aber nie geheilt« ist. Alices Kampf gegen die Sucht ist eine Knochentour: Kein Tag, an dem sie nicht »scharf auf einen Drink« wäre, und dabei »muss nichts schiefgegangen, nichts vorgefallen sein, nicht ein einziges Problem«. Alice verschließt sich immer mehr vor ihrem Mann, weil sie fürchtet, dass er sich von ihr abwendet, wenn er erfährt, wie sie wirklich ist. Sie verachtet sich, fühlt sich wertlos und unfähig. Für die beiden beginnt ein schmerzhafter Prozess: Michael stimmt zu, gemeinsam eine Eheberatungsstelle aufzusuchen. Zunehmend offenbart sich, wie wenig er von der wahren Alice weiß und dass der Konfliktstoff in ihrer Beziehung bislang immer unter den Teppich gekehrt wurde.

»Ich habe alles versucht – außer wirklich zuzuhören.«

In der absoluten Talsohle ihrer Beziehung begreifen Michael und Alice (überzeugend: Andy Garcia und Meg Ryan), dass sie sich nichts mehr vormachen dürfen. Sie gestehen sich ein, dass sie nicht mehr weiterwissen. Michael entschließt sich, seine Frau vorübergehend zu verlassen: Er erkennt, dass er Alice loslassen muss, wenn er ihr wirklich helfen will – dass er aufhören muss, ihr helfen zu wollen. Das ist eine Qual für ihn, aber er wagt es.

»Trocken, aber verwirrt und hilflos« – so charakterisiert sich Alice nach der Entziehungskur. Sie macht sich, unterstützt durch eine Gesprächsgruppe der Anonymen Alkoholiker, auf den beschwerlichen Weg, Verantwortung für sich zu übernehmen, und das heißt vor allem: die Schuld an ihrer Situation nicht mehr anderen zuzuweisen.

Auch Michael schließt sich einer Gesprächsgruppe an, in der »Co-Abhängige«, d. h. Angehörige von Alkoholikern, über ihre Situation sprechen.

In manchen Szenen drückt Luis Mandoki allzu sehr auf die Tränendrüse – besonders wenn Kinder und Erwachsene gemeinsam schluchzen. Trotzdem ist *When a Man Loves a Woman* ein lohnenswerter Film, nicht nur weil er ein realistisches Bild vom Alkoholismus bietet (der selbstverständlich auch »in besseren Kreisen« vorkommt) und auf einfache Lösungen verzichtet. Er zeigt auch, dass eine Ehe in der Krise nur dann eine Chance hat, wenn beide bereit sind, ehrlich voreinander zu werden, und miteinander zu reden beginnen – auch wenn das unendlich schwer scheint. »Ich habe alles versucht«, sagt Michael einmal, »außer wirklich zuzuhören.«

Kurzinhalt

Der Pilot Michael Green und seine attraktive Frau Alice führen mit ihren beiden Kindern ein augenscheinlich harmonisches, nahezu perfekt wirkendes Familienleben. Aber Alice ist Alkoholikerin. Sie kann sich zwar zu einer Entziehungskur aufraffen, aber als sie trocken wieder zurückkommt, ist nichts wie vorher.

When a Man Loves a Woman macht Mut, Ernst zu machen mit dem Versprechen, »in guten und in schlechten Zeiten« beieinander zu bleiben. Michael glaubt daran, dass seine Ehe es wert ist, für sie zu kämpfen und alles zu versuchen, was Hoffnung geben kann. Er gewinnt Alice zurück, weil seine Liebe ihr Raum gibt, sie selbst zu sein, und alle Wunschbilder von ihr loslässt.

»Hallo, ich bin Alice. Ich bin Alkoholikerin« – so tritt Alice vor ihre Gesprächsgruppe, der sie ihre Geschichte erzählt. »Ich habe heute Grund zum Feiern. Ich bin seit 184 Tagen trocken.« So endet der Film, und danach fallen sich Michael und Alice in die Arme. Morgen ist der 185. Tag, und hoffentlich hält sie durch.

Kurzwertung

Glaubwürdiges Beziehungsdrama, das den zähen Kampf gegen die Alkoholsucht schildert.

Themen

Alkoholismus, Co-Abhängigkeit, Ehe

When a Man Loves a Woman – Eine fast perfekte Liebe

Originaltitel	When a Man Loves a Woman (USA 1994)
Regie	Luis Mandoki
Darsteller	Meg Ryan (Alice Green), Andy Garcia (Michael Green), Ellen Burstyn (Emily), Lauren Tom (Amy), Philip Seymour Hoffman (Gary)
Drehbuch	Ronald Bass, Al Franken
Laufzeit	124 Minuten
Altersfreigabe	ab 12

1. ***Alles Unheil kommt von oben***/Commandments *(1996); Regie: Daniel Taplitz*
2. ***American Beauty*** *(1999); Regie: Sam Mendes*
3. ***American Heart*** *(1993); Regie: Peter Siverman*
4. ***Aus der Mitte entspringt ein Fluss***/A River Runs Through It *(1992); Regie: Robert Redford*
5. ***Briefe eines Toten***/Pisma Mertwogo Celoweka *(1986); Regie: Konstantin Lopuschanskij*
6. ***Bringing out the Dead*** *(1999); Regie: Martin Scorsese*
7. ***Bruce Allmächtig***/Bruce Almighty *(2003); Regie: Tom Shadyac*
8. ***Bruder Sonne, Schwester Mond***/Brother Sun, Sister Moon *(1972); Regie: Franco Zefirelli*
9. ***Contact*** *(1997); Regie: Robert Zemeckis*
10. ***Das Ende einer Affäre***/The End of the Affair *(1999); Regie: Neil Jordan*
11. ***Das erste Evangelium – Matthäus***/Il Vangelo Secondo Matteo *(1964); Regie: Pier Paolo Pasolini*
12. ***Das siebente Siegel***/Det Sjunde Inseglet *(1957); Regie: Ingmar Bergman*
13. ***Das Wort***/Ordet *(1955); Regie: Carl Dreyer*
14. ***Der Himmel über Berlin*** *(1987); Regie: Wim Wenders*
15. ***Der Sohn***/Le Fils *(2003); Regie: Jean-Pierre und Luc Dardenne*
16. ***Der Unbeugsame***/Cool Hand Luke *(1966); Regie: Stuart Rosenberg*
17. ***Die Bartholomäusnacht***/La Reine Margot *(1995); Regie: Patrice Chéreau*
18. ***Die Geschichte vom Spitfire Grill***/The Spitfire Grill *(1996); Regie: Lee David Zlotoff*
19. ***Ein Pfeil in den Himmel***/At Play in the Fields of the Lord *(1992); Regie: Hector Babenco*
20. ***Ein Mann zu jeder Jahreszeit***/A Man for All Seasons *(1966); Regie: Fred Zinnemann*
21. ***Ein Schrei in der Dunkelheit***/A Cry in the Dark *(1988); Regie: Fred Schepisi*
22. ***Elmar Gantry*** *(1960); Regie: Peter Brooks*

23. **Entfesselte Helden**/Unstrung Heroes *(1995); Regie: Diane Keaton*
24. ***E.T. – Der Außerirdische***/E.T. – The Extra-Terrestrial *(1981); Regie: Steven Spielberg*
25. **Familiensache**/One True Thing *(1998); Regie: Carl Franklin*
26. **Flatliners** (1990); *Regie: Joel Schumacher*
27. **Franziskus, der Gaukler Gottes**/Francesco, Giullare di Dio *(1950); Regie: Roberto Rossellini*
28. **Ghandi** *(1982); Regie: Richard Attenborough*
29. **Ich glaube ...**/Credo *(1983); Regie: Jacques Deray*
30. **Jacob's Ladder – In der Gewalt des Jenseits**/Jacob's Ladder *(1990); Regie: Adrian Lyne*
31. **Jenseits der Stille** *(1996); Regie: Caroline Link*
32. **Ladybird, Ladybird** *(1994); Regie: Ken Loach*
33. **Last Night** *(1998); Regie: Don McKellar*
34. **Licht im Winter**/Nattvardsgästerna *(1962); Regie: Ingmar Bergman*
35. **Mein Leben ohne mich**/My Life without Me *(2003); Regie: Isabel Coixet*
36. **One Hour Photo** *(2002); Regie: Mark Romanek*
37. **Opfer**/Offret *(1986); Regie: Andrej Tarkowskij*
38. **Pale Rider** *(1985); Regie: Clint Eastwood*
39. **Probezeit**/Second Best *(1994); Regie: Chris Menges*
40. **Romero** *(1988); Regie: John Duignan*
41. **Sling Blade** *(1996); Regie: Billy Bob Thornton*
42. **The Straight Story** *(1999); Regie: David Lynch*
43. **The Virgin Suicides** *(1999); Regie: Sofia Coppola*
44. **Touch** *(1996); Regie: Paul Schrader*
45. **Untreu**/Unfaithful *(2002); Regie: Adrian Lyne*
46. **Wer die Nachtigall stört**/To Kill a Mockingbird *(1962); Regie: Robert Mulligan*
47. **Wie ein wilder Stier**/Raging Bull *(1979); Regie: Martin Scorsese*
48. **Wit** *(2001); Regie: Mike Nichols*
49. **You Can Count On Me** *(2000); Regie: Kenneth Lonergan*
50. **2001: Odyssee im Weltraum**/2001: A Space Odyssee *(1968); Regie: Stanley Kubrick*

FÜR LISTENFANS: **DIE TOP 10** (AUS DEN VORGESTELLTEN FILMEN)

1. Schindlers Liste
2. Feld der Träume
3. Babettes Fest
4. Ist das Leben nicht schön?
5. Bad Lieutenant
6. Der Club der toten Dichter
7. Happiness
8. Magnolia
9. Und täglich grüßt das Murmeltier
10. Signs – Zeichen

THEMENVERZEICHNIS

REGISTER DER ORIGINALTITEL

Amistad (1997)
Angie, I Says Angie (1994)
Babettes Gaestebud Babettes Fest (1987)
Bad Lieutenant (1992)
Billy Elliott – I Will Dance (2000)
Chariots of Fire Die Stunde des Siegers (1980)
City Lights Lichter der Großstadt (1931)
City of Angels Stadt der Engel (1998)
Dead Man Walking Dead Man Walking – Sein letzter Gang (1995)
Dead Poets Society Der Club der toten Dichter (1989)
Family Man (2000)
Field of Dreams Feld der Träume (1989)
Gattaca (1997)
Groundhog Day Und täglich grüßt das Murmeltier (1993)
Happiness (1998)
In The Name of The Father Im Namen des Vaters (1993)
It's a Wonderful Life Ist das Leben nicht schön? (1946)
Jerusalem (1996)
Jesus Christ Superstar (1972)
Jesus de Montreal Jesus von Montreal (1989)
Johnny Got His Gun Johnny zieht in den Krieg (1971)
La Stanza del Figlio Das Zimmer meines Sohnes (2001)
Leap of Faith Der Schein-Heilige (1992)
Le Fabuleux Destin d'Amélie Poulain
Die fabelhafte Welt der Amélie (2001)
Le Huitième Jour Am achten Tag (1996)
Magnolia (1999)
Marvin's Room Marvins Töchter (1996)
Moonlight Mile (2002)
Pay It Forward Das Glücksprinzip (2000)
Ponette (1996)
Schindler's List Schindlers Liste (1993)
Shadowlands (1993)
Signs Signs – Zeichen (2002)
Smoke (1994)

Sue Sue – Eine Frau in New York (1997)
Taxi Driver (1976)
The Addiction The Addiction – Süchtig (1996)
The Apostle Apostel! (1997)
The Devil's Advocate Im Auftrag des Teufels (1997)
The Elephant Man Der Elefantenmensch (1980)
The Lord of the Rings – The Fellowship of the Ring Der Herr der Ringe – Die Gefährten (2001)
The Mission Mission (1986)
The Prince of Egypt Der Prinz von Ägypten (1998)
The Rapture Dunkle Erleuchtung (1991)
The Sweet Hereafter Das süße Jenseits (1997)
The Thin Red Line Der schmale Grat (1998)
Waterland (1992)
What's Eating Gilbert Grape? Gilbert Grape – Irgendwo in Iowa (1993)
When a Man Loves a Woman When a Man Loves a Woman – Eine fast perfekte Liebe (1994)
Witness Der einzige Zeuge (1985)

Lichter der Großstadt City Lights (1931)
Ist das Leben nicht schön? It's a Wonderful Life (1946)
Johnny zieht in den Krieg Johnny Got His Gun (1971)
Jesus Christ Superstar (1972)
Taxi Driver (1976)
Der Elefantenmensch The Elephant Man (1980)
Die Stunde des Siegers Chariots of Fire (1980)
Der einzige Zeuge Witness (1985)
Mission The Mission (1986)
Babettes Fest Babettes Gaestebud (1987)
Der Club der toten Dichter Dead Poets Society (1989)
Feld der Träume Field of Dreams (1989)
Jesus von Montreal Jesus de Montreal (1989)
Dunkle Erleuchtung The Rapture (1991)
Bad Lieutenant (1992)
Der Schein-Heilige Leap of Faith (1992)
Waterland (1992)
Gilbert Grape – Irgendwo in Iowa
What's Eating Gilbert Grape? (1993)
Im Namen des Vaters In The Name of The Father (1993)
Schindlers Liste Schindler's List (1993)
Shadowlands (1993)
Und täglich grüßt das Murmeltier Groundhog Day (1993)
Angie Angie, I Says (1994)
Smoke (1994)
When a Man Loves a Woman – Eine fast perfekte Liebe
When a Man Loves a Woman (1994)
Dead Man Walking – Sein letzter Gang
Dead Man Walking (1995)
Am achten Tag Le Huitième Jour (1996)
Jerusalem (1996)
Marvins Töchter Marvin's Room (1996)
Ponette (1996)
The Addiction – Süchtig The Addiction (1996)
Amistad (1997)

Apostel! The Apostle (1997)
Das süße Jenseits The Sweet Hereafter (1997)
Gattaca (1997)
Im Auftrag des Teufels The Devil's Advocate (1997)
Sue – Eine Frau in New York Sue (1997)
Der Prinz von Ägypten The Prince of Egypt (1998)
Der schmale Grat The Thin Red Line (1998)
Happiness (1998)
Stadt der Engel City of Angels (1998)
Magnolia (1999)
Billy Elliott – I Will Dance (2000)
Das Glücksprinzip Pay It Forward (2000)
Family Man (2000)
Das Zimmer meines Sohnes La Stanza del Figlio (2001)
Der Herr der Ringe – Die Gefährten
The Lord of the Rings – The Fellowship of the Ring (2001)
Die fabelhafte Welt der Amélie
Le Fabuleux Destin d'Amélie Poulain (2001)
Moonlight Mile (2002)
Signs – Zeichen Signs (2002)

Scorsese, Martin Taxi Driver
Sheridan, Jim Im Namen des Vaters
Shyamalan, M. Night Signs – Zeichen
Silberling, Brad Moonlight Mile; Stadt der Engel
Solondz, Todd Happiness
Spielberg, Steven Amistad; Schindlers Liste
Tolkien, Michael Dunkle Erleuchtung
Trumbo, Dalton Johnny zieht in den Krieg
Van Dormael, Jaco Am achten Tag
Wang, Wayne Smoke
Weir, Peter Der Club der toten Dichter; Der einzige Zeuge
Wells, Simon Der Prinz von Ägypten
Zaks, Jerry Marvins Töchter

Hoffman, Philip Seymour Happiness; Magnolia
Hofmann, Dustin Moonlight Mile
Hopkins, Anthony Amistad; Der Elefantenmensch; Shadowlands
Holm, Ian Das süße Jenseits; Die Stunde des Siegers; Der Herr der Ringe – Die Gefährten
Hunt, Helen Das Glücksprinzip
Hurt, John Der Elefantenmensch
Hurt, William Smoke
Irons, Jeremy Mission; Waterland
Kassovitz, Mathieu Die fabelhafte Welt der Amélie
Keaton, Diane Marvins Töchter
Keitel, Harvey Bad Lieutenant; Smoke; Taxi Driver
Kingsley, Ben Schindlers Liste
Law, Jude Gattaca
Leoni, Téa Family Man
Lewis, Juliette Gilbert Grape – Irgendwo in Iowa
Liotta, Ray Feld der Träume
MacDowell, Andie Und täglich grüßt das Murmeltier
Macy, William H. Magnolia
Martin, Steve Der Schein-Heilige
McConaughey, Matthew Amistad
McKellen, Ian Der Herr der Ringe – Die Gefährten
Miou-Miou Am achten Tag
Moretti, Nanni Das Zimmer meines Sohnes
Moore, Julianne Magnolia
Murray, Bill Und täglich grüßt das Murmeltier
Neeley, Ted Jesus Christ Superstar
Neeson, Liam Schindlers Liste
Nolte, Nick Der schmale Grat
Osment, Haley Joel Das Glücksprinzip
Pacino, Al Im Auftrag des Teufels
Penn, Sean Dead Man Walking – Sein letzter Gang; Der schmale Grat
Phoenix, Joaquin Signs – Zeichen
Postlethwaite, Pete Im Namen des Vaters

Rea, Stephen Angie
Reeves, Keanu Im Auftrag des Teufels
Reilly, John C. Magnolia
Robards, Jason Magnolia
Rogers, Mimi Dunkle Erleuchtung
Ryan, Meg When a Man Loves a Woman – Eine fast perfekte Liebe
Sarandon, Susan Moonlight Mile
Spacey, Kevin Das Glücksprinzip
Stewart, James Ist das Leben nicht schön?
Streep, Meryl Marvins Töchter
Tautou, Audrey Die fabelhafte Welt der Amélie
Taylor, Lili The Addiction – Süchtig
Theron, Charlize Im Auftrag des Teufels
Thivisol, Victoire Ponette
Thomson, Anna Sue – Eine Frau in New York
Thurman, Uma Gattaca
Walken, Christopher The Addiction – Süchtig
Williams, Robin Der Club der toten Dichter
Winger, Debra Der Schein-Heilige; Shadowlands
Wood, Elijah Der Herr der Ringe – Die Gefährten

Bergesen, Albert J./Greeley, Andrew M.: God in the Movies. Transaction Publishers, New Brunswick 2000

Filmklassiker. Beschreibungen und Kommentare. Hrsg. von Thomas Koebner unter Mitarbeit von Kerstin-Luise Neumann. Band 1–4, Philipp Reclam jun., 4., durchgesehene und erweiterte Auflage, Stuttgart 2001

Fraser, Peter/Neal, Vernon Edwin: ReViewing the Movies. A Christian Response to Contemporary Film. Crossway Books, Wheaton 2000

Gire, Ken: Reflections on the Movies. Hearing God in the Unlikeliest of Places. Cook Communications, Colorado Springs 2000

Hasenberg, Peter/Luley, Wolfgang/Martig, Charles (Hrsg.): Spuren des Religiösen im Film. Meilensteine aus 100 Jahren Filmgeschichte. Matthias-Grünewald-Verlag, Mainz 1995

Hesley, John W./Hesley, Jan G.: Rent Two Films and Let's Talk in the Morning. Using Popular Movies in Psychotherapy. John Wiley, New York 1998

Higgins, Gareth: How Movies Helped Save My Soul. Finding Spiritual Fingerprints in Culturally Significant Films. Relevant Books, Lake Mary 2003

Karasek, Hellmuth: Mein Kino. Die 100 schönsten Filme. Hoffmann und Campe Verlag, Hamburg 1994

Kirsner, Inge: Erlösung im Film. Praktisch-theologische Analysen und Interpretationen. Kohlhammer, Stuttgart/Berlin/Köln 1996

Langenhorst, Georg: Jesus ging nach Hollywood. Die Wiederentdeckung Jesu in Literatur und Film. Patmos Verlag, Düsseldorf 1998

Laube, Martin (Hrsg.): Himmel – Hölle – Hollywood. Religiöse Valenzen im Film der Gegenwart. LIT Verlag, Münster 2002

Scott, Bernard Brandon: Hollywood Dreams and Biblical Stories. Fortress Press, Minneapolis 1994

Stone, Bryan P.: Faith and Film. Theological Themes at the Cinema. Chalice Press, St. Louis 2000

Tiemann, Manfred: Bibel im Film. Ein Handbuch für Religionsunterricht, Gemeindearbeit und Erwachsenenbildung. Calwer Verlag, Stuttgart 1995

Beacon Communications: S. 98
Cinetext Bildarchiv: S. 94
Columbia TriStar: S. 106, 194
Dreamworks: S. 76
EYZ Kino: S. 191
Globus Film: S. 139
Hollywood Pictures: S. 28
Impuls Film: S. 35
Kinowelt: S. 20, 31, 39, 49, 57, 150, 183
Liberty/RKO: S. 124
MFA: S. 128
Miramax International: S. 176
New Line Cinema: S. 146
Paramount Pictures: S. 65, 68, 72, 80, 110
Prokino: S. 53, 87, 113
TiMe Filmverleih: S. 162
Tobis Film: S. 46
TMG: S. 135, 198
Touchstone Pictures: S. 158, 172, 202
Twentieth Century Fox: S. 83, 91
UIP: S. 24, 43, 121
United Artists: S. 143
Universal/Gordon: S. 102
Universal Pictures: S. 131, 165
Warner Bros.: S. 61, 117, 154, 169, 180, 187